AF495638

MEMOIRE

ADRESSÉ A MADAME LA MARQUISE

DE POMPADOUR,

PAR M. DANRY,

PRISONNIER A LA BASTILLE,

Et trouvé au Greffe de cette Prison d'Etat, le lendemain de sa Prise par les Parisiens;

SUIVI

Des 65, 66 & 67.me Lettres du même Prisonnier, à M. de Sartine, & de quatre autres à MM. Quénay & Duval.

A PARIS,

Chez GUEFFIER, le jeune, Libraire, rue du Hurepoix, N.° 17.

1789.

AVERTISSEMENT DE L'ÉDITEUR.

Ce Mémoire a été trouvé à la Bastille, le lendemain même de la prise de cette forteresse ou prison d'Etat. Il étoit dans la chambre du Greffe, sous enveloppe encore cachetée, à l'adresse de Madame la Marquise de Pompadour. On y avoit joint les lettres que nous publions à la suite.

Lorsqu'en 1787 on donna au Public l'*histoire d'une détention de trente-neuf ans*, les faits presqu'incroyables qu'elle renferme, la firent considérer par la plupart des lecteurs comme un ouvrage d'imagination.

Eh bien ! l'écrit que nous faisons paroître aujourd'hui est la preuve de ce récit digne d'intéresser toute ame honnête & sensible ; si quelqu'un pouvoit douter de son authenticité, il peut confronter cet imprimé avec l'original que nous déposons à l'Hôtel-de-Ville.

L'Auteur est le même M. Henri Mazert de Latude, né à Montagnac en Languedoc, en 1725, qui a gémi si long-tems dans les prisons d'Etat, victime des plus cruels excès du despotisme ministériel. On déguisoit à la Bastille son véritable nom sous celui de *Danry* ou *Danry*, qu'il étoit forcé de se donner dans ce Mémoire.

L'échelle de corde qui lui servit à tromper la féroce vigilance de ses geoliers ou plutôt de ses boureaux, a été trouvée telle qu'elle est décrite dans l'histoire citée ci-dessus au Greffe de la Bastille. Tout Paris l'a vu transporter à l'Hôtel-de-Ville. Jusques là on avoit nié la possibilité d'un pareil ouvrage, dans la ſituation où M. de Latude l'entreprit & l'exécuta ; mais de quoi ne vient pas à bout l'induſtrie humaine excitée par l'amour de la liberté & le deſir de ſe ſouſtraire à des maux inſupportables !

Ce Mémoire doit être conſidéré comme un monument précieux dans un autre genre. On y trouvera des particularités curieuſes touchant pluſieurs perſonnages qui ont joué un rôle ſous le précédent règne ; beaucoup de naturel, mais ſurtout l'énergie d'un honnête homme qui a ſu conſerver ſa penſée libre tandis qu'il était dans les fers, & qui loin de s'abaiſſer à demander grace aux tyrans qui l'oppriment, oſe leur faire entendre la voix effrayante de la vérité, les rappeller aux remords, & les menacer des vengeances divines & humaines.

Nous n'avons point touché au ſtyle, qui eſt incorrect, à l'orthographe qui eſt vicieuſe. Ce n'eſt point ici l'œuvre d'un littérateur, bien moins encore une apologie froidement compaſſée par un Juriſconſulte. C'eſt le cri profond d'un infortuné, à qui quatorze ans de la plus affreuſe captivité donnoient le droit de ſe plaindre amèrement d'une injuſtice révoltante.

Il feroit à deſirer que ceux qui ont des manuſcrits de la Baſtille, ſuiviſſent la même marche que la nôtre, car s'ils ne faiſoient pas connoître, par la voie de l'impreſſion, ce qu'ils ſe feront enſuite un devoir de remettre au bureau municipal, il pourroit ſe faire que des raiſons d'Etat, des conſidérations particulières s'oppoſaſſent à la publicité de quantité de pièces originales, qui probablement ſerviroient à dévoiler des myſtères d'iniquité qu'il importe à tous citoyen de connoître.

COPIE
DU
GRAND MÉMOIRE

QUE j'ai envoyé à Madame la Marquise de Pompadour, par M. DAURY.

De la Bastille, le 30 Juin 1762.

A MADAME
LA MARQUISE DE POMPADOUR.

MADAME,

VOICI un grand Mémoire : si vous ne voulez point vous donner la peine de le lire

A

pour moi, au moins vous devriez le lire pour l'amour de vous-même.

Philippe, Roi de Macédoine, se faisoit dire tous les matins par un Page : ô Roi ! souviens-toi que tu es mortel ! Vous, Madame, vous auriez bien besoin assurément de vous faire dire tous les jours, par un de vos serviteurs : Madame, pensez que Louis XV peut mourir avant vous ; si ce malheur vous arrivoit, certainement vous auriez du chagrin d'avoir fait pourrir bien des pauvres malheureux en prison. Vous faites ces choses sans aucune crainte de la Justice, parce que vous croyez quelque jour vous dépêtrer de tout, en disant, ce n'est pas moi qui ai fait souffrir ces gens-là, c'étoit le Roi. Madame, permettez-moi de vous dire que vous vous trompez grandement ; vous n'en serez pas quitte à si bon marché ; car nous n'ignorons point que c'est vous-même qui nous faites assommer à votre fantaisie. N'avez-vous pas vu d'Allegre, quand il a échappé de la Bastille avec moi. S'il s'est fâché contre le Roi ou contre le Ministre, hé-bien, tous ceux que vous faites souffrir au-dessus de leurs mérites, si le Roi venoit à mourir aujourd'hui ou demain, vous pouvez compter qu'ils feront de même, à la différence que d'Allegre vous attaqua par des lettres d'invectives; & que les autres vous attaqueront en Parlement. Il me semble que ce mot de Parlement vous fait rire, soit; mais si vous vous en riez, vous vous devriez au moins ressouvenir du déplaisir & du sérieux, que les lettres de d'Allegre vous ont causé, & vous devriez faire en sorte, par une bonne conduite, de ne jamais vous en attirer de pareilles. C'est ce que vous pourriez éviter, en traitant avec bonté, avec modération, ceux qui ont le malheur de vous déplaire. Silla! parles, réponds-moi. Que t'ai-je fait? Pourquoi me persécutes-tu? Moi, qui t'ai toujours comblé de mes bienfaits, pourquoi en veux-tu à ma vie? Je te pardonne; le seul pardon de ce jour-là lui fit tomber tous ses ennemis; car s'il avoit fait mourir Silla, cette mort seule lui auroit attiré peut-être plus de dix mille ennemis de plus; de-là vient qu'on dit, Auguste ne commença d'être heureux, que quand il cessa d'être cruel.

D'Amsterdam je vous écris, Madame. Vous avez fait arrêter d'Allegre à Bruxelles, parce qu'il vous a écrit des lettres fortes. Pourquoi vous a-t-il écrit ces lettres? c'est parce que que vous l'aviez trop long-tems fait souffrir. Or, si les mauvais traitemens vous ont attiré des lettres fâcheuſes, aujourd'hui, par votre bonté, par votre humanité, attirez-vous des remercîmens & des prières de ſa part, en vous vengeant d'une manière noble; faites-le venir en votre préſence, & dites-lui : Vous m'avez écrit que j'étois cruelle, implacable; je vais vous prouver le contraire; car ſi vous êtes repentant, je vous pardonne tout, de bon cœur. Vous m'avez dit que vous vouliez être mon ennemi; & moi, je veux être votre amie : vous m'avez dit que vous me perſécuteriez, & moi, je veux vous faire du bien. Je vous dis, Madame, uſez de cette vengeance. Par-là vous le pénétrerez, toute ſa vie, de repentir & de reconnoiſſance; cela fera un beau trait dans l'Hiſtoire, qui vous fera perpétuellement honneur : mais vous ne m'avez pas voulu croire; vous avez aimé mieux ſacrifier à la cruauté qu'à l'humanité : & vous ne vous en trouverez pas toujours bien : ſi vous comptez, par cette conduite, mettre fin à vos ennemis, vous vous trompez; car quand vous en faites mourir un entre quatre murailles, celui-là vous en attire ſur-le-champ vingt de plus; car toutes les lettres anonymes qu'on écrit au Roi, toutes les ſatyres, tous les mauvais coups de langue qu'on dit contre vous dans le public, la plus grande partie viennent de la part des frères, des oncles, des coufins, ou des amis de ceux que vous faites périr.

Quand vous direz : je ne cherche perfonne ; ni le Roi non plus. Aujourd'hui la Baftille eft toute pleine. Je vous demande, eft-ce des amis du Roi ? Ce font des gens qui l'ont offenfé. Hé bien, je fuis prefque certain qu'avant fix mois d'ici, Sa Majefté leur aura accordé à tous leur liberté : or, le Roi, mettant des bornes à fes punitions, vous, Madame, vous en devez mettre aux vôtres. Depuis que je fuis enfermé dans la Baftille, il en eft forti affurément plus de trois mille prifonniers : y en a-t-il quelqu'un qui foit revenu à la charge ; c'eft-à-dire, qui ait ré-offenfé le Roi ? Quand vous vous reffouviendrez de d'Allegre, c'eft un cas différent. Il étoit forti de la Baftille malgré vous, au péril de fa vie, par efcalade : c'eft ce qui l'anima contre vous ; car, fi vous lui aviez accordé fa liberté en tems & lieu, il vous auroit remercié ; il vous auroit fouhaité mille bénédictions : c'eft l'apanage de l'équité, de l'humanité, comme les invectives des cœurs cruels.

Madame, il n'eft point permis de faire tout ce que l'on peut ; vous ne vous laffez jamais de faire souffrir. Quand vous direz, je crains; c'est la raison de tous les tyrans. Pierre-le-cruel ne faisoit point planter un poignard dans le sein de l'enfant qui ne faisoit que de naître; mais on lui disoit, un tel murmure, un tel a dit cela; un tel, vous lui avez fait cela, il pourroit bien chercher à se venger; un tel est de vos ennemis; pour les faire périr, il prenoit cette raison, je suis Roi, je suis maître; pour ma conservation, il n'y a qu'à faire périr tous ces gens-là; il n'en échappoit pas un d'entre ses mains, comme il n'en échappe pas un seul des vôtres; il comptoit, par cette barbare conduite, pouvoir prolonger ses jours; comme vous-même, vous comptez pouvoir vous soutenir plus long-tems encore, en faisant périr vos ennemis entre quatre murailles; c'est ce qui lui causa la mort, comme les prisonniers vous pourront causer à vous votre disgrace: car, son frère Henri de Transtamare, ne pouvant plus supporter ses cruautés, lui planta lui-même, de sa propre main, un poignard dans le ventre, à la satisfaction de toute l'Espagne; car le Peuple, par reconnoissance de l'avoir délivré de ce monstre, le fit Roi à sa place....

Vous craignez! à cause que vous craignez,

devez-vous faire périr je ne ſai combien de pauvres malheureux entre quatre murailles? Madame, priez Dieu, de la force de toute votre ame, que Louis XV vive plus long-tems que vous ; car ſi malheureuſement il venoit à mourir avant, il y a un Parlement dans Paris qui vous fera rendre compte de toutes vos cruautés.

Tous ceux que vous retenez en priſon, ſont des gens d'eſprit, exceptez moi; car les ſots ne ſe frottent point avec vous. Or, vous pouvez compter, comme une choſe certaine, qu'il ne paſſe pas un ſeul moment dans les vingt-quatre heures, que tous ne penſent, comment eſt-ce qu'on pourra vous rendre le trop. Vous leur fourniſſez de matière mille fois plus qu'il ne faut, pour vous attaquer en Juſtice. Vous y ſerez attaquée. Vous repoſez ſolidement ſur cette corde, qui eſt de dire, ce n'eſt pas moi qui ai fait périr, ſouffrir ces gens-là, c'étoit le Roi. La pauvre défenſe que vous avez là, Madame! eſt-ce que perſonne au monde ignore la force qu'une femme a ſur l'eſprit de ſon Amant. Croyez-vous combattre des automates? Tous ceux que vous faites ſouffrir contre l'équité, ont des langues pour ſe défendre. Par exemple, moi, quand je vous accuſerois de m'avoir fait souffrir injustement pendant tant d'années, que direz-vous ? Ce n'étoit pas moi ; c'étoit le Roi. Moi, je vous demanderai : quel mal ai-je fait au Roi ? quel titre lui ai-je donné ? quel crime ai-je commis, pour avoir mérité cette punition ? Faites-moi représenter mon procès-verbal ; que pourrez-vous dire ?

Vous m'avez envoyé un paquet, il est vrai, Madame ; mais il n'y avoit rien dedans de nuisible, cela a été prouvé par des expériences ; de plus, je vous ai avertie d'avance de son arrivée, par Corbillion, votre valet-de-chambre : je vous envoyai ce paquet, non pas pour vous faire du mal, mais pour vous conserver la vie, parce que j'avois entendu dire, en plusieurs endroits, que vos ennemis cherchoient à vous envoyer à l'autre monde ; & je vous envoyai ce paquet afin de vous inspirer par lui de la méfiance contre ce malheur. Vous pourrez dire : il falloit m'avertir de vive voix. Je ne pouvois le faire, sans mettre du monde dans la peine ; c'est ce que je voulois éviter, parce qu'on dit très-souventesfois des choses qui peuvent n'être pas véritables ; par conséquent je ne voulois point vous inspirer un mauvais soupçon contre certains personnages, qui pouvoit être injuste. Ainsi, sans faire tort à la réputation de personne, mon paquet vous faisoit tenir sur vos gardes, contre leurs entreprises.

Proverbialement on dit, graisser les bottes d'une personne qui n'est pas reconnoissante, elle dit que vous les lui avez gâtées : que direz-vous ? Vous m'avez envoyé ce paquet pour avoir une récompense ; & vous voulez me faire passer cela pour un service. Je vais vous forcer vous-même à juger du contraire. De la même manière que David se jugea digne de mort, pour avoir fait périr Uri ; je vous demande, si on mettoit sur une table deux bourses ; une de vingt mille louis, & l'autre de vingt mille écus, & qu'on vous donnât le choix d'en prendre une ; laquelle prendriez-vous ? Ecrivez-le de votre propre main, afin qu'elle serve de témoin contre vous-même : si vous avez écrit la bourse d'or, à l'exemple de David, reconnoissez au moins aujourd'hui mon innocence : par cette raison, le Roi est plus riche que vous, le Roi récompenseroit mieux le même service que vous ; par conséquent quand j'eus fait mon paquet, il m'étoit aussi facile de l'adresser au Roi, qu'à vous ; mais comme on ne disoit point qu'on cherchoit à envoyer le Roi à l'autre monde, & qu'on le disoit de Madame la Marquise de Pompadour ; je mis sur mon paquet, à Madame, Madame la Marquise de Pompadour. Donc ce n'a point été la récompense qui m'a fait agir, mais le zele de conserver votre personne.

Madame, au plus on lave un Ethiopien, au plus il devient noir ; de même au plus on veut noircir un innocent, au plus il devient blanc : en voici une autre preuve bien sensible ; le 3 du mois de Mai 1751, M. Quenay vint me voir ici à la Bastille ; aux reproches que je lui faisois, le Gouverneur prit la parole, en lui disant, si ce n'est que cela, il n'y a pas-là de quoi à fouetter un chat. C'est l'affaire de Rabelais. Quenay reprit, d'un ton mystérieux, mais, Monsieur, c'est que c'est arrivé dans un tems, ... & s'arrêta tout court : cette parole qui ne partoit de la bouche du sieur Quenay, que pour me donner tort, que pour me noircir, précisément, fait connoître mon innocence ; Madame, daignez y faire attention, *c'est arrivé dans un tems*, c'est-à-dire, qu'alors c'étoit un tems de révolution, où tous les esprits étoient irrités contre vous : donc mon paquet étoit une instruction pour vous ; il vous avertissoit de vous tenir sur vos gardes, contre les entreprises de ces esprits animés. Le loup, dans son ingratitude, fut plus généreux que vous ; quand la cigogne lui eut tiré l'épine qu'il avoit dans son gosier, elle lui demanda la récompense qu'il lui avoit promis ; n'es-tu pas assez récompensée ; & en quoi, tu ne m'as rien donné ; c'est, lui dit-il, de ne t'avoir pas coupé la tête, quand tu l'avois dans ma gueule.

Madame, je vous pardonne assurément de me payer d'ingratitude, mais au moins vous devriez imiter le loup, ne pas me payer de cruauté.... Louis XIV demanda un jour quelle étoit la plus belle statue de son parc. Dans la nuit on coupa le nez au gagne-petit ; je vous demande, Madame, si cet homme étoit bien instruit de cette conspiration, il n'avoit rien vu, il ne connoissoit point le moindre des auteurs ; par conséquent, ce ne fut que sur quelque parole qu'il avoit entendu, qu'il fut avertir le Roi de se tenir sur ses gardes. Les ennemis de Louis XIV pouvoient changer de résolution, il ne faut qu'une idée, une crainte, un soupçon d'être découverts, un rien ; en ce cas, le bouquet ne seroit point parvenu jusqu'à lui. En pareil cas, Louis XIV auroit-il dû faire périr ce pauvre malheureux entre quatre murailles, comme vous me faites périr moi-même. Si je me ſuis énoncé d'une autre manière, c'eſt par rapport aux raiſons que je vous ai expoſées ci-deſſus, page 8, & plus bas page 16. Il y a des circonſtances où on ne doit pas faire un crime d'agir par des ſymboles, par des ſignes ou des paraboles. Dans de pareils cas, parce que cela fait toujours tenir ſur ſes gardes, parce qu'un rien ou une ſeule parole, quoique mal fondée, peut prévenir de grands malheurs, comme vous voyez, dans la perſonne de Louis XIV. Si un ami du Roi de Portugal lui avoit envoyé un ſymbole hiéroglyphique auſſi inſtructif que celui que je vous ai envoyé, à vous, de la manière que ſes ennemis vouloient l'envoyer dans l'autre monde, il ne ſe ſeroit point haſardé de revenir de ſa maiſon de campagne, tout ſeul: il n'auroit point reçu un coup de fuſil dans l'épaule, & riſqué d'être aſſaſſiné; il n'y auroit pas eu tant de ſang de répandu au milieu de la place de Liſbonne.

Après ma dernière évaſion, arrivé en Hollande, je fus conſulter des gens ſages, pour prendre des conſeils d'eux, afin de mettre ma perſonne en ſûreté, après leur avoir expoſé mes affaires depuis le commencement juſques à la fin; voici leurs réſultats: ce n'eſt point un crime que vous venez de nous expoſer, c'eſt un trait d'ami, c'eſt un ſervice ; un autre prenant la parole, me dit : vous n'étiez point connu particulièrement de M. Quenay ; cinq mois après, il vint vous voir dans la tour de Vincennes ; il falloit que dans ce temps là les ennemis de Madame la Marquiſe de Pompadour euſſent entrepris de l'empoiſonner... & elle vous envoya ce Medecin, pour voir s'il ne pourroit point tirer quelques éclairciſſemens de votre part : ainſi vous avez été bien maltraité, pour lui avoir donné un bon avis, de ſe tenir ſur ſes gardes. Je leur dis : Meſſieurs, j'ignore ſi cette conjecture eſt vraie ou fauſſe, mais ſi je vous ai expoſé mon affaire telle qu'elle eſt, je ne me ſuis point flatté : parce qu'en vous trompant, je me tromperois moi-même. Mais ſi malheureuſement j'ai eu le malheur d'avoir commis un crime contre mon intention, je vous prie de grace de ne point me flatter : de me le dire clairement, parce que je m'en irai plus loin : je me cacherai. Tous me dirent : vous n'avez point commis un crime, c'eſt un ſervice ; mais il eſt malheureux pour vous que cette femme ne l'ait point connu : vous êtes ici en Hollande : c'eſt un pays libre ; les Etats ne vous livreront point; ainsi vous n'avez qu'à rester tranquille, chez vos parens. Malgré les assurances, que l'on accorde par-tout à l'innocence environ trente-six jours après, je me trouvai à la Bastille, en présence de M. Berryer, le 24 du mois de Juin 1756. A mes plaintes, il me dit ces paroles, il ne falloit pas faire ce que vous avez fait. Je lui répondis, en présence de trois Officiers, (il y en a encore deux de vivans), si j'étois dans le monde & que j'entendisse dire de vous, ce que l'on disoit d'elle, & que je ne pusse pas vous approcher, comme je ne pouvois point m'approcher d'elle, je le ferai encore à vous-même, & je croirois rendre un service à l'Etat, en lui conservant une personne juste & équitable : si c'eût été une sottise, M. Berryer ne l'auroit point laissé tomber par terre sans la relever; il m'auroit fort bien dit : comment, vous avez commis un crime, & bien loin d'en être repentant, vous avez l'audace de me dire que vous le recommettriez encore dans ma présence même! Voici sa réponse, *hon! comment avez-vous fait pour échapper?*

La première lettre justificative que je vous écrivis à vous-même, Madame, ressouvenez-vous-en, le 29 Mai 1758, je la commençai par ces paroles : Quand il vous feroit poffible de m'accabler des plus grands maux, vous ne fauriez, Madame, me faire repentir d'avoir fouhaité la confervation d'une perfonne agréable aux yeux de Sa Majefté. M. Berryer corrigea la fuite de ces paroles de fa propre main, & me renvoya cette lettre pour la recopier, avec cette apoftille : Vous direz au fieur Daury, que le barré eft à fon préjudice & contre fes véritables intérêts. Si je n'avois point été innocent, M. Berryer n'auroit pas mis le mot de véritables intérêts ; un juge ne dit point de pareilles paroles à un criminel, & fur-tout quand il n'y a pas des biens en litige. C'eft M. Chevalier, Major de la Baftille, qui me fit la lecture de cette apoftille, le 2 Juin 1758, il eft encore vivant. Dans la première audience que M. de Sartine m'accorda, le 24 du mois de Janvier 1760, fa première parole fut de me dire : vous n'êtes point repentant ? Je lui répondis, préfence de quatre témoins, il y en a encore trois de vivans : on ne doit jamais l'être d'avoir fouhaité du bien ; il me répliqua : vous voyez bien, vous voulez avoir raifon ; vous ne voulez pas reconnoître votre tort, vous n'avez qu'à me le faire voir. Pourquoi avez-vous envoyé ce paquet à Madame la Marquise de Pompadour ? Je lui répondis : pour lui sauver la vie : parce que j'avois entendu dire, à plusieurs endroits, que ses ennemis cherchoient à l'envoyer à l'autre monde ; & je lui envoyai ce paquet, dans l'esprit de lui inspirer, par lui, de la méfiance contre ce malheur ; si je ne l'ai pas avertie de vive voix, c'est parce qu'on dit très-souventesfois des choses qui peuvent n'être pas véritables : par conséquent, je ne voulois pas lui inspirer un mauvais soupçon contre certains personnages, qui pouvoit être injuste : ainsi, sans faire tort à la réputation de personne, mon fait la faisoit tenir sur ses gardes contre leurs entreprises ; la preuve de ce que je vous avance ci-dessus, c'étoit un temps de révolution, quand mon affaire est arrivée, où tous les esprits étoient animés contre elle. Dans mon symbole hiéroglyphique, instructif & relatif à ce que j'avois oui dire, il n'y avoit rien de nuisible ; c'est une vérité que je prouverai, non-seulement par raisonnement, mais même par témoins qui ont assisté aux expériences. De plus, je l'ai avertie d'avance de son arrivée, par Corbillion, son valet-de-chambre. Mon fait est autorisé par cette loi : Quiconque sera instruit d'une conspiration,

conſpiration, ſans la révéler, condamné à mort, & Saint Marc & Thou eurent la tête tranchée, pour n'avoir pas averti le Cardinal de Richelieu, que ſes ennemis cherchoient à le faire diſgracier; c'étoit bien pire d'elle : on diſoit que c'étoit pour l'Emp... &c. Quand M. de Sartine eut écouté mes raiſons, il ne me répéta plus ſes premières paroles : vous n'êtes point repentant, vous voulez avoir raiſon, vous ne voulez point reconnoître votre tort; mais il me dit, je parlerai : mais on a beau parler, il eſt impoſſible de vous arracher un ſeul priſonnier d'entre vos mains. Vous nous pelotez bien, Madame; vous nous pelotez d'une barbare manière; mais priez Dieu que Louis XV vive plus long-tems que vous; car, s'il venoit à mourir avant, vos propres yeux rendront les larmes que vous nous faites verſer injuſtement. Il y a une Juſtice en France; aujourd'hui, dans la place où vous êtes, vous vous riez d'elle, mais il viendra un jour qu'elle vous fera rendre un compte plus ſévère que vous ne penſez, des maux que vous nous faites ſouffrir. Si le monſtre-ſcélérat de François Robert avoit réuſſi, que feriez-vous devenue ? où vous feriez-vous fourrée, pour prévenir la perſécution de tous ceux que vous faites souffrir injustement ? Il seroit un grand bonheur pour vous & pour nous, de penser de tems en tems à des pareils malheurs qui peuvent arriver à tout moment. Madame, vous vous fiez au sieur Colin ; je mets ici Colin sur la scène, parce que c'est le principal à qui vous confiez tous vos secrets. Je ne doute point qu'il ne vous donne des conseils ; mais faites attention qu'au plus ils sont mauvais pour vous, au plus ils sont meilleurs pour lui. Un Secrétaire tourne l'esprit de son maître ou de sa maîtresse, quand il veut, & je crois qu'il ne lui seroit pas difficile à lui de tourner le vôtre de mal en bien ; mais ça n'est pas son profit, comme je vous le ferai voir plus bas.

Vous fîtes arrêter le Chevalier de la Rochegnerol, en Hollande : un homme sage ne vous auroit jamais donné ce conseil, & sur-tout à vous, parce que, dans la place où vous êtes, vous devez toujours user de douceur & de modération, pour empêcher vos ennemis de mal parler de vous ; car si vous vous étiez conduite de la maniere que je vais vous dire, vous auriez épargné bien d'argent & beaucoup des mauvais coups de langue. Vous auriez dû lui envoyer un homme de votre confiance, pour lui faire faire connoisſance avec lui, pour lui demander pourquoi est-ce qu'il avoit fait cette brochure contre vous : le Chevalier de la Rochegnerol lui auroit dit ſes griefs ; alors il lui auroit dit : mais ſi Madame la Marquiſe de Pompadour vous a fait ce tort, vous devez croire aſſurément que c'eſt contre ſon intention, contre ſa volonté ; c'eſt pourquoi, avant que d'écrire publiquement contr'elle, vous auriez dû poliment lui en demander réparation ; certainement elle vous auroit contenté, car ſi Madame la Marquiſe a un bon cœur ; ſon inclination favorite eſt de faire du bien à tout le monde, même dans les perſonnes de ſes ennemis déclarés : en voilà une preuve ; elle-même m'a remis cette bourſe de cinq cent louis d'or, pour vous en faire un préſent de ſa part. Le Chevalier de la Rochegnerol, par reconnoiſſance, ſur le champ auroit retiré tous ſes exemplaires de chez ſon libraire, & les auroit brûlés ; de cette manière, cette affaire n'auroit fait aucun bruit, il ne ſouffriroit point encore aujourd'hui, & il en auroit moins coûté de dépenſes..... Il eſt ſans doute que vous allez dire : oui, ſi je me conduiſois de cette manière, tout le monde ſortiroit hors de France, pour aller écrire contre moi, afin d'avoir une bourſe. Non, Madame, vous

vous trompez, parce que de pareils traits font tomber la plume de tous les écrivains; ou si malheureusement cela arrivoit, vous auriez la consolation de voir que tout le public se mettroit en colere pour vous, contre celui qui écriroit, parce que tout le monde rend justice au mérite, & sur-tout dans un pareil cas : on diroit: mais Madame la Marquise de Pompadour est bonne, elle a un bon cœur; ça n'est point pour avoir eu une mauvaise conduite qu'elle s'est attiré cet écrit, mais uniquement par sa générosité & sa bonté, parce qu'elle a fait présent d'une bourse au Chevalier de la Rochegnerol, & il est sans doute que le coquin qui vient d'écrire ce livre, vouloit avoir une pareille générosité d'elle, par des injustes sottises; voilà de la manière qu'on parleroit de vous, si vous vous conduisiez par la douceur & la modération.

Il y avoit un Empereur à qui on fut dire, qu'il y avoit deux Romains dans u n cabaret, qui parloient extrêmement mal de lui; bien loin de les faire punir, il ordonna de leur apporter une bourse d'or de sa part, & d'écouter le lendemain ce qu'ils diroient de lui: ils ne manquerent pas tous deux de revenir dans le même cabaret; ils changerent de langage ; ceux qui les avoient écoutés la veille, furent retrouver l'Empereur, qui leur demanda, qu'ont-ils dit de moi ? Ils leur répondirent : ô qu'ont-ils dit de vous ? Aujourd'hui ils vous ont mis au-dessus de tous les Dieux : hé bien, dit-il, c'est que jamais je n'avois fait du bien à ces gens-là. Je vous demande, à vous, Madame, si l'histoire fait mention que tous les autres Citoyens Romains fussent se mettre dans des cabarets, pour dire du mal de cet Empereur, dans le dessein d'avoir de lui une bourse ?

Henri V, Roi d'Angleterre, fit une maîtresse en France, l'emmena en Angleterre : un jour qu'elle se promenoit dans Londres, la populace arrêta son carrosse, & lui jeta des pierres ; elle ne perdit point l'esprit ; elle mit vîte la main dans la poche, & lui jeta sa bourse, & dit à ses gens de faire de même : allez, dit-elle, mes enfans, allez-vous-en boire à ma santé. Je vous demande encore si l'histoire fait mention que toutes les fois que cette maîtresse sortoit, la populace arrêta son carrosse à coups de pierres pour avoir de l'argent : ce sont des cas qui n'arrivent point quatre fois dans dix siecles. C'est une vérité reconnue de tout le monde, que jamais personne ne s'est repenti d'avoir pardonné, d'avoir fait du bien à ſes ennemis ; car ſi vous aviez donné au Chevalier de la Rocheguerol & à d'Allègre, la moitié de la ſomme que leur priſe a coûté, vous leur auriez fait à tous les deux une grande fortune ; ils ſeroient ſans ceſſe à vous prôner, à dire du bien de vous dans toute l'Europe, au lieu qu'ils ſouffrent, & qu'ils jurent nuit & jour contre vous ; mais ce qu'il y a encore de pire pour vous ; c'eſt que ces actes inhumains vous font haïr, non-ſeulement des François, mais même des nations étrangères ; car ſi vous aviez entendu toutes les ſottiſes qu'on diſoit de vous dans Amſterdam, qui eſt le dépôt de toutes les nations de la terre, au ſujet du Chevalier de la Rochegnerol, vous auriez rougi mille fois : mais enfin, il eſt très-ſenſible qu'à dépenſer de l'argent, il vaudroit bien mieux pour vous, le donner d'une maniere à faire dire du bien de vous, que non pas à en faire dire du mal. Vous pourrez dire : mais cet argent ne me coûte rien. Nous le voyons bien, car vous vous ſeriez laſſée de mettre ſi ſouvent la main dans votre poche : mais daignez faire attention, Madame, que ſi le Roi donne tant d'argent pour faire ſouffrir, qu'il en donneroit avec plaiſir le double, pour forcer vos ennemis à dire du bien de vous..... Madame, je crois très-cértainement qu'il y a trois ou quatre personnes qui vous donnent des conseils, qui vous disent : Madame, vous avez le pouvoir en main ; tous ceux qui vous manqueront, faites-les mettre à la Bastille ; là, ils ne parleront plus. Il est vrai que nous ne parlons plus, mais nous faisons parler tout le monde contre vous ; dire que vous êtes cruelle, barbare, implacable, c'est bien pire que tout ce que nous pourrions dire contre vous.

Madame, lisez pour vous, examinez avec attention, si le conseil qu'on vous a donné, de faire périr vos ennemis, de les aller chercher même jusques dans le pays étranger, ne vous fait pas un million de fois plus de mal que de bien. J'étois dans Amsterdam ; malgré les mauvais traitemens que j'avois reçus, malgré qu'on eût abusé de ma bonne foi, j'étois humble, j'étois respectueux, je ne disois pas une seule parole qui pût vous offenser ; au contraire, quand j'exposois mon affaire à des gens sages, c'étoit sous le secret ; je vous excusois du mieux qu'il m'étoit possible, je jetois ma longue misère sur votre oubli : je vous écrivis deux lettres, mais je ne vous fis point des menaces, c'étoit des lettres reſpectueuſes, des lettres de prieres, pour vous demander humblement la paix ; par conſéquent il n'y a que des méchans hommes ſans eſprit, qui vous ayent donné le conſeil de venir me faire arrêter ; car quel mal pouvois-je vous faire dans Amſterdam, & par-tout ailleurs ? Dire que vous m'avez fait ſouffrir, ça ne vous auroit pas tant fait du tort que je l'euſſe dit, que de faire dire, encore aujourd'hui à tout le monde, que vous m'avez fait périr, ou que vous me faites ſouffrir encore : que pouvois-je faire de plus contre vous ? Dire que vous ne deſcendez point en ligne directe, de Raoul ou de Mérouée ; mais en mépriſant votre naiſſance, j'aurois mépriſé celle de tout le monde, car il n'y a pas eu deux créations, nous ſortons tous d'un même pere Adam, qui vous donneroit quelques bons coups de poing, s'il voyoit que vous maltraitez un pauvre frere, qui vous a toujours ſouhaité du bien.

La véritable nobleſſe eſt dans les ſentimens, non pas dans un carré de papier qu'un fripon peut acheter, moyennant dix mille écus, que pouvois-je faire contre vous ? Dire que vous m'aviez coupé la bourſe ; perſonne ne l'auroit cru : que pouvois-je faire contre vous, dire que vous étiez maîtresse du Roi de France, personne ne l'ignore; or, pour avoir fermé une bouche qui ne se seroit jamais ouverte, vous avez fait dire mille choses pire contre vous, Madame : ce que je vais vous dire est très-sensible: ça vous regarde, pesez vous-même; la honte m'a empêché de dire ces outrages à M. Berryer & à M. de Sartine; mais la matière me force à vous les mettre sous vos yeux; pesez vous-même, voyez si une brochure, fusse-t-elle sortie d'un esprit infernal, si elle auroit jamais pu indisposer si indignement tous les cœurs des peuples contre vous, que de me voir moi, lié & garrotté au milieu de la place d'Amsterdam, entouré de cinq à six coquins qui faisoient un défi à quiconque frapperoit plus rudement, des grands coups de bâton sur mon corps innocent : il y en eut un qui m'en appliqua un coup sur la nuque, qui me fit tomber par terre, perdre connoissance; enfin, je ne sais si ils me porterent dans le cachot de l'Hôtel-de-Ville sur leur cou, ou s'ils y traînerent mon corps sur le pavé; je crois que cela fut de cette derniere maniere, car, quand j'eus repris mes esprits, par un peu d'eau-de-vie de genièvre qu'on me fit avaler, j'apperçus que mon habit étoit tout couvert de boue, & que mes hanches étoient écorchées par le frottement du pavé.

Madame, voyez si jamais aucune brochure auroit pu animer tant les esprits contre vous, que ce cruel spectacle; cependant, dans un pareil tems, un barbare flateur vint vous dire en riant : Madame, je vous porte une bonne nouvelle, réjouissez-vous : il est arrêté, nous le tenons. Il ne parlera point : voyez comme on accommode vos affaires! il ne parlera point: cela fut précisément la cause qui me fit parler; car le lendamain huit Magistrats vinrent m'interroger. Après m'avoir écouté, ils me dirent : il faut que vous ayez quelqu'autre chose sur votre compte, car, pour un trait d'amitié, ou enfin cette imprudence, on ne vous auroit point tenu sept ans en prison, & sur-tout encore après vous être livré vous-même entre les mains du Roi. Après votre heureuse évasion de la Tour de Vincennes, vous ne nous exposez point la vérité. Je leur répondis : Messeigneurs, je suis en sûreté entre vos mains; faites venir des preuves contraires de la France, & alors punissez-moi ici doublement, si je vous en ai imposé : mais au moins ne me livrez point innocent; en fermant les yeux, ils haussèrent les épaules, en me disant : nous sommes dans un tems critique, nous n'avons point des barrières ; mais, Monsieur, ne vous désespérez point, ne pleurez pas tant, votre Roi vous rendra justice. Ils me firent mille questions sur tout ce que je savois ; ça fut-là où la prise de d'Allègre à Bruxelles fut découverte, & tout fut écrit en français & en hollandais, pour en rendre compte aux Etats. Ils étoient tous indignés contre vous, & sur-tout d'avoir abusé de ma bonne foi. La compassion qu'ils me témoignerent, fait que je ne suis point irrité contre eux ; car, malgré les ordres de l'Exempt Français, ils me firent sortir sur-le-champ du cachot où il m'avoit fait mettre, & donner une bouteille de vin tous les jours. Je leur demande, quel crime m'accuse-t-on d'avoir commis ? On me répondit : on ne vous a point accusé d'avoir commis aucun crime. Le Roi de France ne vous réclame que sur le titre de Sujet ; cela fait connoître que vous faites périr des pauvres malheureux injustement. Le lendemain, tout ce que j'avois déclaré la veille, fut divulgué à tout le monde, soit par eux, ou par les parens que j'ai dans cette Ville, ou par gens sages à qui j'avois communiqué mes affaires. En voici la preuve. En revenant, l'Exempt me dit dans la chaiſe de poſte : votre priſe fait bien du bruit ; par-tout on parle de vous. Je demandai, que dit-on de moi ? Il me répondit : que votre affaire fait pitié, que ça n'eſt rien ; mais cet Exempt, bien inſtruit de mes affaires, Saint-Marc, ne me dit point, vous en avez impoſé, vous avez donné un fait pour un autre.

Madame, liſez pour vous, liſez pour vous, Madame ; peut-on dire, ſon affaire fait pitié, ça n'eſt rien, ſans dire que la Marquiſe de Pompadour eſt cruelle, barbare, un diable, de faire arrêter & outrager un pauvre malheureux qui ne vous avoit fait aucun mal, & qui ne diſoit point un ſeul mot contre vous, pour le venir faire pourir entre quatre murailles en France ? Cependant, dans un pareil tems, vous voyez vos barbares flateurs ont l'impertinence de venir ſe deſſuer à votre préſence, en vous perdant de réputation dans toute l'Europe ; mais ce qu'il y a encore de malheureux pour vous, c'eſt que vous les comblez de vos bienfaits, c'eſt ce qui les excite davantage à vous donner des mauvais conſeils. Oui, écoutez-les, ils vous diront effrontément : Madame, c'eſt par cette conduite que, malgré la grande quantité d'ennemis que vous avez, vous vous ſoutenez en Cour depuis dix-ſept ans; & moi je vous dis que c'eſt cette conduite qui vous en a retiré un nombre infini, & qui vous perdra tôt ou tard.

C'eſt par cette conduite que vous vous ſoutenez depuis dix-ſept ans en Cour! & moi je vous dis, que ſi vous vous conduiſiez ſelon l'équité & la juſtice, vous vous y ſoutiendriez toute votre vie, comme on y a vu s'y ſoutenir d'autres Maîtreſſes, malgré que le Roi fût mort : c'eſt ce que vous ne pourrez faire. Quand vos priſonniers ſortiront, & qu'ils divulgueront vos cruautés, ils vous rendront haïſſable au ciel & à toute la terre.

Mais encore, il n'y a pas une ſeule perſonne ſage dans le monde, qui ne vous diſe qu'il vaudroit mille fois mieux pour vous, ne vous ſoutenir en Cour, que pendant vingt-cinq ans, par la douceur, par l'humanité & la modération, que non pas vous y ſoutenir trente avec le fléau à la main : par cette conduite, votre conſeil vous expoſe certainement à finir votre carrière par une mauvaiſe cataſtrophe. Madame, celui qui porte un écu à une pauvre famille qui meurt de faim, ne doit point craindre que perſonne, dans la nuit, lui vienne troubler ſon repos; mais vous qui faites ſouffrir, périr des pauvres malheureux injuſtement, vous devez craindre, qu'au moment que vous y penſerez le moins, que la Juſtice troublera le vôtre ; ſi le chien-ſcélérat de François Robert avoit réuſſi, que ſeriez-vous devenue ? C'eſt alors qu'on vous auroit fait connoître, qu'il n'eſt point permis à une maîtreſſe de faire tout ce qu'elle peut, & ſur-tout d'abuſer de la bonté d'une tête couronnée du côté de la cruauté : c'eſt un crime impardonnable. Oui, écoutez votre conſeil qui vous a plongée dans un précipice que vous ne vous en retireriez point, ſi le Roi venoit à mourir avant vous ; mais vous ne voulez point le voir, vous faites comme un riche Juif, qui alloit très-ſouvent manger chez le Rhéteur de Carpentras ; le Maître-d'hôtel, pour ſe divertir, lui diſoit quelquefois à l'oreille : Monſieur, ne mangez pas de ça, il y a du lard. Hé, mon ami, répondit-il, n'empoiſonne pas mes morceaux, ne me dis rien. Je le trouve bon ; ſi le Juif ſe damnoit en mangeant un peu de lard, que devez-vous faire vous, Madame, en mangeant des hommes tout en vie ? Vous ne voulez point ſavoir cela ! il ſeroit pourtant bien beſoin que vous le ſachiez. Si ça n'eſt point par rapport à la Juſtice divine, ça devroit être au moins par rapport à celle du Parlement de Paris, qui ne vous pardonneroit point de pareils crimes.

Madame, vous avez mis votre confiance dans trois ou quatre perſonnes, vous faites tout ce qu'elles vous diſent, mais elles vous perdent, & vous perdent d'une cruelle manière! voulez-vous le voir clairement? vous n'avez qu'à leur dire : Meſſieurs, depuis long-tems je me repoſe ſur vous autres, je fais aveuglement tout ce que vous me dites de faire, croyant que vous n'êtes pas des gens à me jetter dans quelque précipice, à me tromper, à me donner des conſeils que je puiſſe jamais me repentir de les avoir ſuivis; cependant préſentement mon eſprit eſt dans une grande inquiétude; en voici le ſujet : je crains que ſi malheureuſement le Roi venoit à mourir avant moi, que tous les priſonniers que je retiens dans ſes ſecrets, ne troublent mes jours, ou qu'ils ne m'attaquent même en Juſtice : vous verrez ces Meſſieurs, qui vous diront : Madame, tous les priſonniers que vous tenez en priſon, ne ſont des gens de peu de choſe; que ſi Sa Majeſté venoit à mourir avant vous, on exileroit tous ces priſonniers, les uns d'un côté, les autres de l'autre, avec des grandes défenſes de vous dire la moindre chose : quant à la Justice, ça doit être la moindre de toutes vos craintes; tout ce que vous faites, passera sur le dos du Roi. Si vous faites semblant, que ces paroles ne rassurent pas votre esprit, vous verrez sur-le-champ qu'ils auront l'insolence de vous tourner en ridicule, en haussant leurs épaules, & se mettant à rire à votre nez. Essayez si ce que je vous dis n'arrivera point de la même manière; ils vous diront, Madame, c'est bien en vain que vous mettez votre esprit à la torture; allez, soyez tranquille de ce côté-là, vous n'avez rien à craindre, nous vous répondons de tout sur nos têtes. Madame! Madame! c'est votre conservation de connoître, si vous avez donné votre confiance à des honnêtes gens, ou à des fourbes : pour le savoir sûrement, tournez la médaille; dites-leur : vous m'assurez que quand le Roi sera mort, tous ceux que je tiens en prison, ne pourront point troubler ma tranquillité, ni m'attaquer en Justice. Or, si dans un pareil tems, ils ne peuvent pas nuire, encore moins aujourd'hui, que j'ai le pouvoir en main; par conséquent il est inutile que je fasse souffrir tous ces gens-là.

Je vais ordonner de mettre dehors tous

ceux

ceux qui ont expié leurs fautes, sur-le-champ. Vous verrez qu'un rouge perfide leur montera au visage ; qu'ils vous diront, en frappant des pieds : non, Madame, il ne faut point les lâcher ; ce sont des gens qui souffrent depuis six, huit, douze, quatorze, quinze années ; ce sont des gens qui doivent être furieux contre vous, de les avoir fait gémir si long-tems ; ce sont des gens qui sortiroient du Royaume pour aller écrire contre vous ; ils vous déchireroient de tous côtés ; ils vous perdroient de réputation dans toute l'Europe ; en un mot, ce sont vos ennemis, ils ne peuvent que vous faire du mal. Là où ils sont, il faut les y laisser : voyez comme ils accommodent vos affaires ! Vous vous trouverez dans des beaux draps, quand le Roi sera mort, ou à vôtre disgrace, Madame ; chaque petit a son grand, & quand un petit a un grand, il devient égal à sa partie.

Il y avoit un Sauvage qui faisoit un traité de marchandises avec un Européen : comme il faisoit froid, celui-ci se mit à souffler sur ses doigts ; le Sauvage lui demanda, pourquoi souffles-tu tes doigts ? Il lui répondit : c'est que le souffle les réchauffe. Deux heures après ils furent dîner ensemble. Comme la soupe étoit trop chaude, l'Européen se mit à la ſouffler. Le Sauvage, avec étonnement, lui demanda, pourquoi ſouffles-tu ta ſoupe ? eſt-ce que tu ne la trouves pas aſſez chaude ? elle me brûle la bouche à moi. Il lui répondit : ho ! ho ! c'eſt que cela la rafroidit. Peſte de l'animal, reprit le Sauvage, qui fait le chaud & le froid du même trou ! Ho ! ſi tu veux de la marchandiſe, tu me la payeras d'avance ; car je ne t'en donnerai pas pour un ſou à crédit ; je ne veux pas avoir à faire avec un animal qui fait le froid & le chaud du même trou. Madame, vous auriez bien plus de raiſon que le Sauvage, de dire à ceux qui vous donnent des conſeils : Comment ! aujourd'hui que j'ai le Roi pour appui, aujourd'hui que mes grands ennemis, malgré eux-mêmes, écraſent leurs petits confrères ; aujourd'hui que j'ai le pouvoir ſouverain en main, ſi ces gens-là peuvent me faire tant de mal, hé ! que feront-ils quand je n'aurai plus le Roi pour appui, que je ſerai particulière, & que je leur aurai donné des griefs à m'attaquer criminellement en Juſtice ? car il n'eſt pas permis de faire périr le monde entre quatre murailles. Je ne combats point des automates, ce ſont des gens d'eſprit, qui ont des langues pour m'attaquer & ſe défendre ; car ils n'ignorent point que c'eſt moi qui les accable. Cependant, à vous entendre, quand je n'aurai plus le pouvoir en main, ni le Roi pour appui, ils seront tous des agneaux; & aujourd'hui que je suis toute armée, car je n'ai qu'à dire une seule parole, sur-le-champ on arrête, au milieu ou aux quatre coins du Royaume, celui qui me manque, même dans le pays étranger; ils seroient tous des diables, ils me perdroient. Vous voyez bien que vous êtes des fourbes, car si aujourd'hui, malgré la foudre que j'ai à la main, ils me peuvent faire tant de maux, si je leur accordois moi-même leur liberté, (car c'est un acte qui pourroit appaiser leur courroux), eh! que feront-ils à ma disgrace, quand on les mettra dehors de toutes les prisons malgré moi, où les injustices seront bien plus grandes encore qu'aujourd'hui, & que je n'aurai ni pouvoir, ni personne pour me défendre? Ce n'est pourtant pas moi, qui ai fait souffrir si long-temps ces pauvres malheureux, c'est vous autres; mais vous ne les ferez point souffrir davantage, quand même leurs maux ne retomberoient point sur ma propre tête: allez-vous-en, je ne veux plus de vos barbares conseils.

Ils vous diront, Madame, nous sommes

vos amis, nous travaillons pour votre conservation; il y a trop long-temps que ces gens-là souffrent, il faut les garder jusqu'à la fin. Je vous demande à vous-même, si l'eau-de-vie peut dégriser une personne qui a trop bu de vin. Hé bien, votre conseil veut vous perdre absolument.... Madame, croyez-moi, conduisez-vous selon l'équité & la justice, vous n'aurez jamais du regret: si vous avez fait souffrir, au-dessus de leurs mérites, les personnes qui ont eu le malheur de vous offenser, agissez aujourd'hui comme une femme vertueuse, mettez fin à leurs misères, dédommagez-les; il vaut bien mieux s'assurer des personnes qu'on a maltraitées, par un bienfait, que non pas en les faisant périr à petit feu, entre quatre murailles. Je crois qu'ils seroient tous contens, si vous aviez la bonté de réparer les maux qu'ils ont souffert de plus, de cette manière; par exemple, un homme qui aura souffert un an de plus qu'il ne méritoit, lui faire un présent de douze cents livres; celui qui aura souffert deux ans de plus, lui donner, pour la première année, douze cents livres, & pour la seconde, deux mille quatre cents; celui qui aura souffert trois ans de plus, douze cents livres pour la première année, deux mille quatre cents livres pour la seconde, & trois mille six cents pour la troisième, & ainsi de toutes les autres, c'est-à-dire, que vous donnerez de plus douze cents livres toutes les années....

Madame, je ne pèse point les maux, parce qu'il n'y a rien au monde qui puisse réparer la perte de ses beaux jours; mais je pèse votre argent au poids du sanctuaire. J'ose vous dire que je le ménage plus que s'il étoit à moi-même; car je ne crois pas assurément que personne puisse me traiter d'indiscret de vous proposer de donner vingt-cinq mille deux cents livres à un homme que vous aurez tenu en prison, six ans au-dessus de ses mérites.

Madame, il y a une grande différence de gagner de l'argent dans le monde, ou de le gagner en prison : dans le monde, en le gagnant, on est toujours dans la joie, au lieu que tous ceux que vous tenez ici, sont nuit & jour dans les larmes, les années sont des siècles. Il est certain que vous ne trouverez point une seule personne dans le Royaume, qui, pour soixante-six mille livres, veuille venir s'enfermer dans une chambre de la Bastille, ou des autres secrets du Roi, pendant dix années entières. Cependant je ne vous propose, comme vous voyez, de ne donner que cette somme pour dédommagement, à ceux qui auront eu le malheur d'avoir souffert dix années au-dessus de leurs mérites.

Madame, voilà la raison qui m'excite à vous proposer de ne pas épargner un peu d'argent, parce que j'aimerois mieux mourir, que de vous entendre dire, que je vous ai donné de mauvais conseils ; c'est ce qui pourroit arriver, si le dédommagement n'étoit point proportionné aux peines que vous leurs avez fait souffrir. Il se peut bien que quelque prisonnier pourroit revenir à la charge, au lieu que quand vous ferez les choses, d'une manière honnête, équitable, moi-même je vous répondrai sur ma tête de tous ceux que vous mettrez dehors...

Madame, voici une seconde clef que je vous donne, afin que vous teniez toujours vos prisonniers dans vos filets : à un homme que vous aurez fait souffrir, je suppose, six ans plus qu'il ne méritoit, au lieu de lui donner 25200 liv., vous ne lui donnerez que la moitié de ladite somme ; quant à l'autre moitié, vous la mettrez à fonds perdu sur sa tête, à une tontine, ou sur un Hôtel-de-Ville, & vous garderez le contrat entre vos mains, par ce moyen vous serez toujours leur maîtresse. Ainsi, en lui faisant remettre les douze mille six cents livres, vous lui ferez dire ces paroles : Madame la Marquise de Pompadour n'a jamais fait de mal à personne, vous avez eu tort de l'offenser ; mais enfin, vous êtes bienheureux assurément, de ce qu'elle veut non-seulement vous pardonner, mais même vous faire du bien ; voilà une bourse que sa bonté vous fait présent, en outre elle vous fait une pension de tant toutes les années ; si malheureusement elle vient à mourir avant vous, le contrat, à sa mort, vous sera remis entre vos mains ; mais aussi, si vous révélez, si vous répétez, si on entend dire une seule parole de vous ; sur le champ la pension vous sera ôtée, & vous serez puni. Depuis que vous êtes ici, vous avez eu le tems de réfléchir, de connoître le grand malheur où l'on tombe en se mêlant des affaires des Grands, ou en les offensant : on pardonne rarement une fois, mais on ne pardonne jamais deux ; ainsi soyez sage, vous n'en aurez jamais du repentir ; mais vous en aurez tôt ou tard, quand vous ne vous conduirez pas bien.

Madame, moi-même, je vous accommoderai bien toutes ces affaires ; car il faut connoître l'esprit des prisonniers : ils travaillent nuit & jour contre vous, par conséquent il faut savoir renverser leurs desseins par un bon raisonnement: moi je leur dirois: « J'ai été prisonnier comme vous, j'ai parlé pour vous à Madame la Marquise, elle m'a dit, que si je voulois répondre de vous corps pour corps, qu'elle vous relâcheroit, & qu'elle vous feroit même tel bien. J'ai répondu de vous, or vous ne devez point ignorer que celui qui répond paye. Voyez si vous me voulez donner votre parole d'honneur, d'ensevelir tout aujourd'hui, & d'être sage & discret à l'avenir... Vous me donnez votre parole, pensez que ce n'est plus elle que vous persécuterez, c'est moi-même; ainsi je vous crois trop honnête homme, pour me jetter dans le malheureux précipice d'où je vous tire; les animaux ont de la connoissance, j'espère de vous qui êtes homme, que vous ne me payerez point d'une pareille ingratitude.... ». Ceci est un précis du raisonnement.

Madame, je vous ferai plusieurs répétitions dans le corps de ce Mémoire, pour vous rendre certains articles plus sensibles; & afin qu'un objet ne nous en fasse pas quelquefois oublier un meilleur, dans la place où vous êtes, vous devez toujours tâcher, tant qu'il vous est possible, d'accorder les affaires par la douceur & la modération : en vous conduisant par des voies équitables, vous n'en aurez jamais du répentir : au plus la mère de Néron lui donnoit des bons conseils, au plus elle se rendoit haïssable, à un point qu'il ne peut plus la souffrir. Il la fit mourir ; mais les événemens lui firent bientôt connoître, qu'il avoit eu grand tort de n'avoir point suivi les conseils de cette bonne mère. Peut-être que vous allez trouver mauvais que je vous mette ce tyran devant vos yeux. Mais, Madame, s'il vous est haïssable, par vous-même, ou par votre conseil, ne l'imitez donc pas plus cruellement encore; car quand il vouloit la vie de quelqu'un, il la lui faisoit ôter tout-à-la-fois ; mais il n'est pas fait mention que ce monstre barbare l'arrachât aussi cruellement que vous faites, à petit feu : je ne vous parlerai point de mes confrères, mais de moi-même. Voilà quatorze années que je souffre. J'ai été pendant cinquante-huit mois au cachot, & onze cents quatre-vingt-onze jours les fers aux pieds & aux mains, couché sur une poignée de paille, sans couverture. Les criminels qu'on rompt, oublient les coups de barre de fer qui leur ont fracassé les os des bras & des cuiſſes, pour ne ſe plaindre uniquement que du froid. C'eſt un fait connu de tout le monde : j'ai ſouffert ce terrible tourment dans toute ſon étendue pendant quarante mois ſans relâche ; car au fort de l'été, la nuit je crevois de froid ; jugez ce que cela devoit être dans l'hiver de 1756 & 57, où la Seine étoit priſe comme un fromage, où tout le monde s'y alloit promener deſſus : préciſément dans ce tems-là, j'étois couché ſur une poignée de paille ; les fers aux pieds & aux mains, ſans pouvoir me remuer ; je n'avois ſur mon corps qu'une ſimple robe de chambre faite à la taille d'un autre priſonnier, qui ne peſoit pas quatre livres. Effectivement, avec l'autorité des criminels, je puis certifier que le froid eſt le plus abominable de tous les tourmens ; dans le premier hiver, je devins tout chauve, la roupie me brûla toute la racine des poils de ma mouſtache, me fit fendre la lèvre ſupérieure juſques ſous le nez ; alors mes dents ſe trouverent découvertes, le froid me les fit fendre toutes ; encore aujourd'hui, ces trois choſes ſont viſibles ; j'y ai auſſi perdu les trois quarts de ma chere vue, & contracté une deſcente qui m'oblige à porter toute ma vie, un cercle de fer autour de mon corps. Voilà ſoixante & quatorze mois que je n'ai vu, ni feu, ni lumière, ſans préjudice du courant. Dites-moi, Madame, ſi Néron, ni tous les tyrans enſemble, ont jamais prolongé la vie dans les tourmens, comme vous faites. Quand vous direz, je n'ai point ordonné de traiter ſi cruellement mes priſonniers; pour un moment ſoit; mais vous n'êtes point excuſable, Madame, d'ignorer les maux qu'on leur fait ſouffrir. Car, quand vous mettez ceux qui ont eu le malheur de vous manquer entre les mains des lions, vous devez répondre de toutes les morſures qu'ils y font: de plus, je vous en ai avertie; car M. Berryer corrigea cette lettre-là de ſa propre main, & me la renvoya ici à la Baſtille pour me la faire recopier, afin de vous l'envoyer. Je vous expoſai ma cruelle ſituation de cette manière: Madame, je ſuis accablé des rhumatiſmes, j'ai un bras foible, j'ai auſſi contracté dans le cachot une deſcente qui m'oblige à porter, tout le reſte de mes jours, un cercle de fer autour de mon corps; je ſuis ſans cols, ſans jarretières, ſans mouchoirs, ſans feu ni lumière, réduit à manger par terre, comme les animaux, avec une barbe de plus de dix pouces de longueur, ſans avoir ſeulement un misérable torchon pour poser mon pain; en outre, je suis aux fers, couché sur de la paille, sans couverture; je n'en puis plus, je me meurs : quand le Ministre verroit tomber mon corps par lambeaux, il ne vous diroit rien, parce que vous êtes instruite de mon martyre; c'est à vous à prononcer; je vous supplie, pour l'amour de Dieu, d'avoir pitié de moi. Que fîtes-vous? RIEN. Vous faites votre possible pour nous faire crever, mais peut-être que ça ne feroit pas le plus petit de vos malheurs, qu'un seul, de tous ceux que vous faites souffrir, y laissât la peau; car vous pouvez compter certainement, que les uns vous revendiqueront la vie des autres par la voie de la Justice. Oui, écoutez votre conseil, ça n'est rien, tout passera sur le compte du Roi. Il y avoit un homme qui donnoit des coups à sa femme; cinq à six voisines furent à son secours, & leurs demandèrent pourquoi est-ce qu'il battoit son épouse? C'est parce qu'elle ne veut point être maîtresse. Ses voisines la retirèrent à-part, en lui faisant ces grands reproches: comment, vous ne voulez pas être maîtresse? Vous êtes bienheureuse assurément d'avoir un pareil mari. Elle reprit: est-ce que je refuse d'être maîtresse. Alors une s'adresse au mari, en lui disant : vous voyez bien, maître Faussil, qu'elle ne refuse pas d'être maîtresse ; non, dit-il, mais c'est que cette coquine veut être maître. Vous, Madame, vous n'êtes pas maîtresse de Louis XV, vous êtes son maître, & vous devez savoir, que personne au monde n'ignore la force qu'une femme a sur l'esprit de son amant. Voilà la défense de la d'Escombat : Moi, j'étois dans ma chambre, à côté de mon frère & d'un ami, quand on a assassiné mon mari sur les dégrés de la porte de Saint-Sulpice ; mais ses Juges lui répondirent : barbare que vous êtes, si vous n'y aviez pas consenti, votre galant ne l'auroit point tué, & elle fut pendue en place de grêve. Je suis un insolent de vous mettre de pareils objets sous vos yeux : je suis votre ennemi de vous inspirer de l'horreur contre le crime ; mais vos barbares flateurs qui vous disent : Madame, vous avez le pouvoir en main, taillez, rongez, cassez, brissez, exterminez, tout cela ne fera rien, tout passera sur le compte du Roi : ce sont des honnêtes gens, accordez-leur vos bonnes graces, donnez-leur votre main à baiser, ils en sont dignes ; que si malheureusement le Roi venoit à mourir aujourd'hui ou demain, vous reconnoîtriez certainement, mais trop tard, la différence de mes conseils avec les leurs. D'Allegre vous en a déja fait sentir un petit échantillon; mais vous mîtes-vous à rire quand il vous écrivit de Bruxelles? Epargnâtes-vous plus de cinquante mille écus pour faire arrêter lui & moi? Croyez-vous que le cachot & les fers l'ayent appaisé? Mais vous regardez comme un tems perdu, de penser à l'avenir; car si vous veniez à être disgraciée, ou si le Roi venoit à mourir, d'Allegre & généralement tous ceux que vous tenez, sur-le-champ on leur accorderoit leur liberté : mais ce seroit bien autre chose, si au lieu de vous attaquer en invectives, on vous attaquoit en Parlement. Madame, quelquefois on ne rend point justice à des gens de la première distinction, parce qu'ils sont des sots; mais dix mille autres se la font rendre, parce qu'ils ont de l'esprit. Quant à moi, si j'avois une ame vindicative, voici de la manière que je m'y prendrois pour me la faire rendre. Je vendrois ma maison, mes champs, mes vignes, tout ce que j'ai au monde; avec cet argent, j'acheterois trois ou quatre beaux habits brodés, & j'irois chez le Prince de Conti; je lui dirois ces paroles : Mon Prince, je suis d'une de vos terres, de Montagnac;

je vous paye toutes les années des uſages ; voilà vos quittances. Or, après vous avoir rendu tous les hommages qui vous ſont dus, je viens vous ſupplier d'avoir la bonté de m'accorder la protection qu'un Seigneur doit à ſes vaſſaux. Monſeigneur, mon Prince, je ne vous prie point de demander une grace pour moi, mais d'appuyer ma requête de votre ſeing, afin que le Parlement me rende la juſtice qui m'eſt due : après je m'en irois au Parlement, je me jetterois à genoux au milieu de l'Aſſemblée, & je leur tiendrai ce diſcours : Meſſeigneurs, ſi en ſortant de la Baſtille, j'avois pris un piſtolet, & que j'euſſe été brûler la cervelle à Madame la Marquiſe de Pompadour, & qu'en même-tems j'euſſe eu le malheur de tomber entre vos mains, aujourd'hui vous me demanderiez pourquoi eſt-ce que j'ai commis ce crime ? je vous répondrois, parce qu'elle a violé les droits divins ; car avant que de faire bâtir Jéruſalem, Dieu fit bâtir une autre Ville, pour être l'aſyle de l'innocence contre les perſécutions injuſtes. Or, elle a violé, dans ma perſonne & dans celle de bien d'autres, les droits ſacrés de toutes les Nations, en me faiſant arrêter dans le pays étranger, parce qu'elle a abuſé de l'autorité Royale du côté de la cruauté ; car elle m'a fait souffrir tant d'années injustement, parce qu'elle m'a fait mettre les fers aux pieds & aux mains, comme à un scélérat, dans un cachot, couché sur de la paille, sans couverture, où j'ai souffert un million de tourmens ; parce qu'elle a fait flétrir mon corps innocent par des outrages sanglans, en me faisant donner des coups de bâton publiquement par des Officiers de Justice. A ces plaintes respectables, vous ne manqueriez point certainement de me dire, que si Madame la Marquise de Pompadour m'avoit si maltraité, si outragé, que je devois commencer par me plaindre ; qu'en France il y avoit une justice pour tout le monde, qu'on me l'auroit rendue, & en même-tems vous me feriez un crime de me l'être rendue moi-même, vous m'en puniriez. Mais vous voyez bien, mes Seigneurs, que je ne manque pas aux loix, je sai que vous les avez entre vos mains, que vous les devez tenir en vigueur, que vous êtes les protecteurs de la foiblesse & de l'innocence. Dieu est témoin, & tous ceux qui sont à mon entour, que je viens avec respect vous la demander, implorer votre assistance. S'il faut de l'argent, en voilà ; je leur jetterois le reste de tout mon bien : toute la grace que je vous demande,

demande, c'eſt maintenant de faire mettre ma perſonne en ſûreté, dans la Conciergerie, & celle de ma partie.

Madame, on écoute : le Roi mort, je vous mènerai plus loin que vous ne penſez ; vous n'en ſerez pas quitte pour de l'argent ; oui, écoutez vos flatteurs, tout cela n'eſt rien, tout paſſera ſur le compte du Roi : quand vous direz : Moi, je n'ai point ordonné de vous mettre aux fers : Moi, je n'ai point ordonné de vous faire des outrages, de vous flétrir publiquement. Madame, quand Néron vouloit avoir une perſonne, qu'on lui coupât les bras & les jambes pour l'atteindre, pourvu qu'on la lui amenât, il étoit content ; c'eſt pourquoi, tous les mauvais traitemens, & les outrages que le perſécuté recevoit, retomboit dans la perſonne de ce Tyran : de même, tous les mauvais traitemens, & les outrages qu'on fait à tous vos priſonniers, retomberont un jour ſur votre propre tête.

Quand vous direz mille fois, ce n'eſt pas moi, ce n'eſt pas moi qui ai fait ſouffrir tous ces gens-là, c'étoit le Roi. Qu'avons-nous fait contre le Roi ? Où ſont nos Procès-verbaux ? Madame, un enfant de deux ans vous convaincroit d'avoir abuſé de l'autorité royale du côté de la cruauté ; ce ſont des crimes impardonnables, mais je ſuis votre ennemi, de vous ouvrir les yeux, de vous faire voir le précipice où vous êtes tombée, & de vous en retirer. Mais aujourd'hui, vous mépriſez tout, vous vous riez de tout, mais il viendra un temps où une paille vous fera trembler. Dans la quatorzième lettre que je vous ai envoyée, le 18 novembre 1760, de même dans la quinzième, datée du 26 décembre de la même année, & dans la dix-ſeptième, du 15 avril 1761, dans ces trois lettres, j'y avois mis cet article.... » Madame, qu'eſt-ce que je vous demande ? grace. Si j'avois eu l'audace de vous faire le moindre mal, vous ſeroit-il poſſible de m'accabler des plus grands maux ! je dirai toujours que cela n'eſt point aſſez ; mais que vous ayez la bonté de renvoyer cette apoſtille ici, ſignée de votre main, à mes Juges ».

Apoſtille.

Examinez l'affaire du ſieur Daury, avec toute l'exactitude poſſible ; s'il a démérité, faites-lui ſentir la rigueur de la juſtice, dans toute ſon étendue ; s'il eſt innocent, rendez-lui ſa liberté.

Je garde toujours ſoigneuſement la copie de tout ce que je vous écris.

Ensuite, je vous disois : Madame, que cette apostille me soit représentée ; à la vue de votre seing, je vous déchargerai de tous les maux & outrages que j'ai soufferts, & que je pourrai souffrir encore. Seroient-ils mille fois plus grands, ils me seront toujours moins douloureux, moins sensibles, quand ils ne partiront plus de la personne que j'ai souhaité la conservation. Je ne vous écrirai plus, mais alors je plaiderai ma cause avec mes Juges. Innocent, & innocent ami, pourquoi voulez-vous me faire périr ? Ai-je souhaité la conservation d'une tigresse, qui me paye de reconnoissance en me devorant. Je ne vous demande ni votre or, ni votre argent ; payez-moi d'indifférence, je suis content : livrez-moi aux loix, ce n'est point une grace. Si vous doutez de la justice de M. le Comte de Saint-Florentin, & de celle de M. de Sartine, faites-moi transférer à la Conciergerie, & livrez-moi entre les mains du Parlement : vous ne devez pas craindre que je puisse le corrompre par ma bourse : Qu'avez-vous répondu ? qu'avez-vous fait ? Rien !

Quand vous direz, on ne m'a point remis vos lettres ! comment peut-on vous les remettre ? quand vous direz au Ministre ou au Lieutenant-Général de Police : Monſieur, le Roi veut tenir tous ces gens-là, il eſt inutile de me faire tenir ces lettres : mais pour empêcher le Miniſtre ou le Lieutenant-Général de Police, d'arrêter ce Mémoire, par rapport aux ordres que vous avez pu leur donner, & afin que vos Secrétaires ne l'étouffent point, je vous l'envoye par le ſieur Quenay, parce qu'il m'a été permis de lui écrire, à cauſe que je me ſuis livré par lui entre les mains du Roi; je ſuis certain qu'il vous le remettra entre vos propres mains.

Quoique cet écrit ſoit très-long, vous le trouveriez fort court, ſi c'étoit des vers, & qu'ils fuſſent auſſi beaux, que le Mémoire eſt bon pour vous; vous le liriez, vous le reliriez, peut-être, vingt-fois de ſuite, mais vous ne le lirez point deux fois, parce qu'il ne flatte pas votre eſprit, qu'il vous fait voir les maux que vous avez faits, & les malheurs qui peuvent vous arriver. Quenay ! avez-vous beſoin d'argent ? ſoyez flatteur, vous en aurez ; dites à Madame que c'eſt un priſonnier qui lui écrit, que la juſtice reſpecte les perſonnes de ſon élévation. Eſt-ce que le Comte d'Ormes n'étoit pas d'une auſſi illuſtre naiſſance que la vôtre, lui qui étoit allié à toutes les Couronnes de l'Europe ; car quand la mère du Régent sût qu'il avoit été condamné à mort, elle fut se jetter aux pieds de son fils, en lui disant : Comment ! vous voulez faire mourir le Comte d'Ormes, & c'est votre propre sang, mon fils, c'est votre propre sang. Il lui répondit : Madame, Madame, quand on a de mauvais sang, dans sa famille, il le faut faire tirer, & il fut rompu tout vif; en place pe Grève, & cela pour un Négre, un misérable esclave.

Quand vous direz : moi, je ne répands pas le sang ; c'est bien pire ce que vous faites, c'est bien pire, c'est triplement bien pire, de forcer les hommes, par des mauvais traitemens ou par la longue souffrance, à s'arracher la vie eux-mêmes : de quatre prisonniers que nous étions dans une chambre, il y en avoit trois des vôtres, dont le premier, après avoir resté cent trente-trois heures sans manger, on lui ouvrit la bouche avec des clefs, & on lui fit avaler de la nourriture de force ; se voyant rappellé à la vie malgré lui, prit un morceau de verre, & se coupa avec, les quatre veines : le second, croyant que cela l'enverroit à l'autre monde, comme Santeuil, avala une demi-once de tabac d'Espagne dans un verre de vin : le troisième, comme il n'avoit point de cheminée dans sa chambre, ferma bien sa fenêtre; boucha, avec ses bas, ses mouchoirs, toutes les petites ouvertures de sa porte, & ensuite mit le feu à sa chaise percée, & à l'autre, à sa table & à son lit de sangle, pour se faire étouffer par la fumée. Quand on lui apporta à souper, on le trouva tout roide, on le traîna hors de sa chambre, afin de faire prendre l'air à son corps; mais il semble que Dieu ne conserve la vie à tous ces pauvres malheureux, malgré eux, qu'afin que vous ayez un jour plus d'accusateurs en justice: car l'anatomie, l'analyse de toutes vos cruautés lui sera faite. Madame, priez-Dieu, que le Roi vive plus long-temps que vous, car alors vous pourriez bien avoir la peine de détordre vous-même le fil que vous avez tordu. Oui, écoutez votre Conseil qui vous dira : Comment, Madame, si quelqu'un avoit la hardiesse de vous attaquer en justice, ce sont des gens qu'on enléveroit, qui ne verroient plus le jour. Je vous demande à vous-même, Madame, sommes-nous gouvernés par des gens, équitables, ou par des tyrans, des assassins? croyez-vous qu'ils se prêteront, jusqu'àvo tredernier soupir, à satisfaire l'humeur cruelle de votre barbare Conseil? Vous vous trompez : aujourd'hui ils font tout ce que vous voulez, mais c'est malgré eux, parce que vous n'êtes point Maîtresse, vous êtes Maître, vous avez le pouvoir en main, il faut qu'ils vous obéissent, pour ne pas avoir le sort du Comte de Maurepas...... Il est vrai qu'on a vu plusieurs fois tirer des personnes d'entre les mains du Parlement pour les mettre dans les secrets du Roi; mais c'étoient des têtes criminelles, à qui la bonté de nos Rois vouloit faire grace, empêcher de ternir leurs familles; mais jamais, ni du grand jamais, on n'a vu enlever du Parlement des gens qui demandoient justice, pour les faire perir dans les secrets du Roi. Il n'y a absolument que des assassins sans honneur, qui puissent faire de pareils actes. Je vous demande, fit-on mettre la Vanière à la Bastille, quand elle fit dire au Roi fort hardiment: Sire, on m'a dit que vous deviez accorder grace à Fontigny, je viens vous demander la mienne, car partout où je le trouverai, je lui brûlerai la tête d'un coup de pistolet? la fit-on enfermer? Fontigny avoit sept cents ans de Noblesse, c'étoit un coup d'yvrogne, cependant il n'en fut quitte qu'en perdant la tête sur un échafaud. Madame, il faut penser que, s'il n'y avoit point de justice, que tous ceux que vous faites souffrir, en sortant de prison, un prendroit une épée, l'autre une hallebarde, l'autre une broche, une fourche, & qu'ils viendroient vous l'enfoncer dans le ventre; qu'est-ce qui les empêchera de se venger à leurs fantaisies? ce sont les loix. Hé-bien, ce sont ces mêmes loix qui vous doivent empêcher vous-même de vous venger à la vôtre. Ecoutez vos flateurs, tout passera sur le compte du Roi; & moi, je vous dis que, quoique le Roi vive aujourd'hui, si vous veniez a être disgraciée, que le Ministre ne seroit point assez insensé pour jetter vos cruautés sur la personne sacrée, parce qu'il y a des monstres sous la figure humaine, qui méprisent toute sorte de morts & de supplices pour se venger. Hé, vous l'avez bien vu vous-même, Madame, dans le monstre infernal de François Robert! Si ce cœur engendré du diable avoit réussi, que seriez-vous devenue, si quelqu'un de vos prisonniers vous avoit attaquée en Justice, & qu'il vous eût prouvé, à votre face, le crime impardonnable d'avoir abusé de l'autorité Royale du côté de la cruauté! Madame, dans un pareil malheur, vous ne devez point vous attendre qu'aucun Ministre soit assez imprudent pour venir en Parlement vous defendre, dire que c'étoit le Roi. Non, Madame, vous ne devez point vous attendre à un service si dangereux pour eux; car Louis XVI, s'il avoit tant soit peu des sentimens d'honneur, ne leur pardonneroit point de ternir la mémoire de son père; de jetter vos cruautés sur lui, la plus grande grace qu'ils pourroient vous faire en pareil cas, ce seroit d'appeller votre affaire au Conseil du Roi; & en vous tirant d'entre les mains du Parlement, de vous mettre dans la Bastille, ou dans une autre prison Royale. Cet article vous fait rire! priez Dieu que ces rires ne se changent pas en larmes: votre Conseil vous dira: Madame, une femme qui a été maîtresse du Roi, c'est une femme qui est toujours soutenue, qu'on ne souffre point qu'on l'insulte. Il est vrai que si quelqu'un vous insultoit, on le puniroit; mais quand vous aurez fait du tort à ce quelqu'un, & qu'il vous attaquera juridiquement, on vous laissera tranquillement défendre votre cause. Vous devriez bien connoître la Cour! on accorde tout à ceux qui n'ont besoin de rien, & rien à ceux qui ont besoin de tout: aujourd'hui, tout le monde s'empresse à vous faire sa cour, à prévenir tous vos desirs, & demain, tout le monde vous tournera le dos;

& à tel vous demanderiez du secours, qui vous répondra les paroles qu'on dit à Madame Tiquet. Un des Juges qui l'interrogeoit, avoit été son galant; elle lui dit, en pleurant: Monsieur, souvenez-vous que vous avez été mille fois à mes genoux. Il lui répondit, d'un ton rébarbaratif: Madame, Madame, les temps sont changés. Trois jours après, elle eut la tête tranchée. Madame, priez Dieu qu'on ne vous répète point ces paroles à vous-même: ceux que vous élevez à de grandes dignités, si vous étiez dans le malheur, ils seront les premiers qui vous tourneront le dos, pour leur conservation, afin de faire voir, par leur indifférence, qu'ils doivent leur élévation à leurs mérites, mais non pas à vous.....

Quand vous jetterez vos yeux sur Madame de Maintenon, sa conduite étoit bien différente de la vôtre: vous n'avez qu'à lire ses Mémoires, vous verrez que, pendant le long espace qu'elle a été en Cour, elle n'a su qu'un seul prisonnier dans la Bastille qui la regardât; mais la Beaumelle ne dit point si ce prisonnier ne méritoit pas d'y être enfermé, & le temps qu'il y a resté; mais vous, on compteroit les vôtres par douzaine, & les années de souffrance aussi: je vous ferois bien le parallele de vous & d'elle; mais vous prenez toujours les marques d'amitié pour des insultes : cependant, il me semble qu'il vous seroit utile de connoître la différence de vous & d'elle; car si vous voulez avoir une heureuse fin comme elle, vous devez marcher sur ses mêmes traces.

La Maintenon étoit vieille & laide, & vous, vous êtes jeune & jolie; la Maintenon n'a été pendant fort long-temps que Maîtresse de Louis XIV, vous, vous êtes plus que Maîtresse de Louis XV : Louis XV a un bon cœur, Louis XIV avoit une bonne tête; la Maintenon n'avoit de force sur son esprit que par un bon & solide raisonnement, au lieu que vous, vous faites de Louis XV ce que Cléopâtre faisoit d'Antoine, pêcher des poissons salés à la ligne. La Maintenon avoit un frère, & vous en avez un autre; celui de la Maintenon n'étoit pas seulement Chevalier de Saint-Lazare, & le vôtre porte le Cordon bleu : que cela soit par sa charge, ou non, il le porte. On dit que personne n'a jamais été assez hardi pour présenter d'or ni d'argent à la Maintenon. Madame, ne me faites pas un crime de vous instruire de ce que l'on pense : on dit que vous en prenez de tout le monde, & vous avez eu le malheur d'en donner des preuves; car, au bout de cinq à six ans que vous avez été en Cour, vous avez fait voir, en voulant marier votre fille avec le fils du Duc de Chaulnes, que vous aviez plus de rentes que la Maintenon n'avoit jamais eu de fonds. Louis XIV épousa la Maintenon, par le titre de femme légitime de Roi, & encore plus par sa sage conduite: elle étoit hors des prises des Loix; vous, vous n'êtes pas encore épouse de Louis XV, que s'il venoit à mourir par aujourd'hui ou demain, on vous feroit rendre compte des maux que vous faites. Madame, on a vu arriver des choses plus extraordinaires dans la mère de Louis XIII; ne lui envoya-t-on pas le Chancelier, avec des Commissaires, visiter sa cassette, tous ses écrits? ne l'a-t-on pas réduite à aller mourir dans un Couvent à Cologne? Oui, vous direz: c'est une persécution injuste; les rayons du soleil tiroient des sons articulés de la statue d'airain de Memnom: est-ce que toutes les bonnes raisons que je vous donne, ne pourront-elles pas vous faire voir le précipice où votre Conseil vous a jettée? Si une Reine-Mère, &, qui plus est, une Reine vertueuse, a été si cruellement persécutée, comment ne le feriez-vous pas, vous, quand vous ne vous conduirez pas ſelon l'équité & la juſtice ? Voyez Jeanne, Reine d'Ecoſſe, après dix-huit ans de priſon, elle eut la tête tranchée ; vous allez dire, voilà encore une autre injuſtice que vous me mettez ſous les yeux : oui, Madame, & c'eſt par des injuſtices que je veux vous faire connoître le danger où vous êtes ; car il eſt poſſible de perſécuter, de faire trancher des têtes couronnées ; jugez ce que vos puiſſans ennemis pourront vous faire un jour, quand vous leur donnerez des priſes contre vous par les Loix : encore aujourd'hui, toutes les fois que vous êtes avec le Roi, & que vous penſez aux pauvres malheureux que vous faites périr, vous devez craindre aſſurément que Louis XV ne vous répète les paroles de Frédéric II à Voltaire : J'admire votre eſprit, mais je déteſte votre cœur.

Madame, aux actes inhumains, la nature ſe révolte contre ſon propre ſang ; vous en avez vu une preuve bien ſenſible dans la perſonne de Louis XV, quand le Comte de Charolois lui fut demander ſa grace, pour avoir tué un Couvreur, ſans l'appeller mon couſin, lui dit : Je vous l'accorde, je vous l'accorderai encore ; mais je l'accorderai auſſi à celui qui vous tuera. Je défie à Cicéron, à

Démosthène de faire une harangue en moins de mots. Effectivement, on peut dire que Dieu s'exprime quelquefois par la bouche des Rois.... Madame, quand on ne marche pas droit, toutes les précautions du monde deviennent inutiles. Anne de Boullen avoit poussé sa fortune plus haute que vous : ce ne fut point, ni à la dixième, ni à la vingtième, ni à la centième fois ; mais un mauvais matin auquel elle ne s'attendoit pas, elle fut surprise au saut du lit, avec son frère, par son mari, Henri VIII, qui lui fit trancher la tête au milieu de Londres. Voyez M. de la Chétardie ; tout le monde dit, que, s'il avoit été sage, il seroit aujourd'hui Czar. A croire ce que l'on dit, assurément l'Impératrice de Russie auroit dû avoir plus de ménagement pour lui, que Louis XV en devroit avoir pour vous : cependant vous voyez que, pour une misérable indiscrétion, elle lui ôta tout ce qu'elle lui avoit donné, jusqu'au cordon de Chevalier : il est en exil pour le reste de ses jours ; & s'il avoit été son sujet, peut-être qu'elle lui auroit fait trancher la tête, comme la Reine Elisabeth fit au Comte d'Essex.

Madame, l'on ne doit pas compter sur l'amitié des têtes couronnées ; & vous ne devez pas ignorer que, du plus grand amour à la haine, il n'y a qu'un pas à faire : la fortune eſt bizarre; quand elle fait tant que de tourner le dos, elle eſt mille fois plus affreuſe qu'elle n'a été agreable dans les plus beaux de ſes jours. Je ne vous citerai point pour exemple Olympie, mere du grand Alexandre, ni Jeanne, Reine de Naples; mais je ne mettrai ſous vos yeux que le Maréchal d'Ancre, quand le premier Préſident lui demanda : de quel ſortilége uſiez-vous envers la Reine, pour lui faire faire tout ce que vous vouliez ?..... Voici ſa réponſe.... *D'un eſprit fort contre un eſprit foible.* Vous allez dire, ce ſont ſes ennemis qui l'ont fait périr injuſtement. On dit que la Marquiſe de Pompadour a tant d'eſprit ! on dit que vous avez tant d'eſprit ! pardonnez-moi ce ſucre. Hé ! par tous les diables, que n'en faites-vous uſage pour vous-même ? Qui eſt-ce qui a plus d'ennemis que vous ? Par conſéquent, vous vous drevriez tenir ſur vos gardes, ne leur pas donner des priſes contre vous par les Loix, afin de ne pas leur donner le plaiſir de vous faire périr miſérablement. Je ſuis un coquin, je ſuis un miſérable, je ſuis votre ennemi, de troubler votre ſécurité, de vous ouvrir les yeux ; mais ceux qui vous diſent, ça n'eſt rien, tout paſſera ſur le compte du Roi, ce ſont des honnêtes gens, ce ſont vos bons amis; comblez-les de vos bienfaits; quant à moi, accablez-moi de fers. M. le Naigre étoit en place comme vous; ſa place étoit plus ſtable, plus ſolide que la vôtre. Je n'écoute point la populace; mais les gens raiſonnables diſent que ce Juge a été ſurpris par une fauſſe déclaration de Lhomme: malgré cela, ſi le Roi n'avoit point appellé ſon affaire à ſon Conſeil, M. le Naigre, très-certainement, auroit perdu la vie ſur un échafaud, ou au moins il auroit été enfermé pour le reſte de ſes jours. Or ſi, pour n'avoir fait que prononcer un ſeul jugement injuſte, qui n'étoit pas de mort, mais d'empriſonnement, il s'eſt expoſé à de ſi grands malheurs; vous, Madame, vous êtes partie, vous jugez, & faites exécuter vos Sentences; c'eſt bien encore pire: M. le Naigre étoit un homme en charge, & vous n'êtes que maîtreſſe. S'attendoit-il à ce retour de fortune? De quel droit pouvez-vous eſpérer de vous en tirer à meilleur marché que lui, en faiſant pire? Vous direz: c'eſt dans les ſecrets du Roi. Oui; mais vous n'en devez point abuſer, en faire une ſalle de Phalaris: il ne vous eſt pas plus permis de faire du mal ici que dehors. Madame, les abus ſont cruellement punis en France: ce pauvre Prêtre de de la Paroiſſe Saint-Paul, vous devroit faire trembler; mais aujourd'hui c'eſt troubler vos plaiſirs, que de penſer à prévenir les malheurs qui peuvent vous accabler un jour; cependant vous donnez volontiers une demi-journée pour arranger, pour diſpoſer comme il faut votre finance. Madame, il ne vous manquera jamais d'argent; mais la fortune ne vous accordera pas toujours des jours heureux pour pouvoir le manger. Ce pauvre Prêtre vous devroit faire trembler : c'eſt tout frais; il n'y a que quatre ans que cette affaire eſt arrivée, pour avoir abuſé des prières, c'eſt-à-dire, pour avoir prié Dieu, en ſubrépelis, de lui envoyer d'argent par un mort; il a été dégradé, fouetté, marqué, & condamné à être en galère pour toute ſa vie. Cet exemple vous devroit être bien ſenſible.

Madame, vous donnez de cruelles priſes contre vous à la Juſtice. Croyez-moi, retitirez-vous d'entre ſes mains, vous le pouvez; plaie d'argent n'eſt point mortelle, ſi vous étiez ſur le pas de la porte de la Baſtille, vous donneriez tout ce que vous poſſédez au monde, pour ne pas y mettre le pied dedans; les innocens n'en ſortent point, ſans avoir verſé des larmes, & eu bien des chagrins, jugez ce que c'eſt quand on y eſt mis coupable. Voilà quatorze années que j'y ſouffre innocent, néanmoins ſi vous me demandiez quatre cents écus, qui détourneroient plus mes affaires, qu'à vous huit cents mille, non-ſeulement je vous les donnerois pour avoir ma chère liberté, mais même tout ce que je poſſéde au monde, je n'aurois point de honte de couper avec mes dents, le cordon du cotillon que ma tendre mère a ſur ſon dos, pour le vendre & vous en donner l'argent; vous voyez clairement que je vous donnerois tout mon bien pour ſortir de la Baſtille. Vous, devriez-vous regreter une petite partie du vôtre, pour réparer les maux que vous y avez fait ſouffrir, & par ce moyen ne pas riſquer d'y mettre jamais vos pieds dedans.

Madame, croyez-moi, ne remettez jamais au lennemain ce que vous pouvez faire la veille. Ne faites point comme ce Joueur, qui faiſoit ſauter ſon argent dans ſon chapeau; ſon domeſtique, qui ſavoit ſes affaires comme moi je ſai à-peu-près les vôtres, lui dit humblement : Monſieur, vous venez de gagner beaucoup d'argent, croyez-moi, commencez à payer vos dettes. Son maître lui répondit avec fierté, le cuivre dans les mains d'un Joueur se convertit en or. Il me semble que je joue, à votre égard, le rôle de ce valet; il ne voulut pas le croire, comme vous ne voulez pas me croire non plus; le lendemain il perdit tout, il se trouva sans sou ni maille. Madame, regardez vos bracelets avant que de lire d'avantage, regardez-les donc, priez Dieu que dans la Bastille, une main barbare ne vous les ôte pas de vos bras; ça ne seroit point un miracle. Jettez les yeux sur votre montre, on ne vous la laissera pas à votre côté pour voir l'heure qu'il est, crainte que vous ne corrompiez avec, quelque porte-clefs. Comment! les Princes-du-Sang ne font point du mal impunément! & vous en ferez! c'est ce qui vous trompe; je vous l'accorde, je vous l'accorderai encore, mais je l'accorderai aussi à celui qui vous tuera. Voyez la Princesse sa sœur, Abbesse de S. Antoine, pour avoir fait endèver ses Religieuses, il y a plus de vingt ans qu'elle est exilée dans un autre Couvent. Voyez cette Princesse qui étoit venue de Pologne pour voir sa cousine, la Reine de France, on lui donna un beau Château, en Bourgogne. Là se trouvant entourée d'un tas de flatteurs qui lui disoient: comment, ma Princesse! vous êtes alliée, proche parente avec le Roi, avec la Reine, voilà un Fils qui ſort de votre ſang, qui fait le bonheur, les délices de toute la France, ça ſeroit abaiſſer votre grandeur que d'acheter, il faut ordonner à un tel Village, de vous donner tant de moutons, à l'autre un veau, à l'autre de la vollaile: cette pauvre Princeſſe qui ne penſoit pas plus à faire contribuer, que vous, Madame, à faire périr des hommes entre quatre murailles, elle ſe laiſſa ſéduire: mais un mauvais matin, elle fut enlevée, & miſe dans un Couvent. Si le Roi ne l'a pas fait ſortir, depuis que je ſuis à la Baſtille, il y a plus de vingt-ſix ans que cette pauvre Princeſſe eſt enfermée. Or ſi le ſang Royal ne peut point tuer, ni faire endèver, ni prendre un veau, ni de moutons, ni de poules ſans en être puni; vous, Madame, pouvez-vous dire, je ferai flétrir les uns publiquement, je ferai périr les autres dans des cachots, les fers aux pieds & aux mains, je mettrai la déſolation dans je ne ſais combien de familles, & j'en ferai quitte un jour, en diſant ce n'eſt pas moi? Vous vous trompez, Madame, il y a des loix en France, nous ne ſommes point des eſclaves, & parmi les eſclaves encore, il n'eſt point permis aux

Princes de faire impunément tout ce qu'ils peuvent. Le fils de Mahomet II, en se promenant dans Constantinople, une femme tira son voile de dessus son visage, sans doute pour le faire voir à ce Prince, afin de lui inspirer de l'amour; effectivement il fut épris de sa beauté, il l'a suivit au bain, & lui fit une caresse: son mari ayant su cela, fut trouver le Sultan, & lui dit, en s'arrachant la barbe: ton fils vient de violer une de mes femmes. Mahomet II lui répondit, n'est-tu pas mon esclave? Oui, dit-il, je suis ton esclave, & toi, tu dois être juste. A ce mot de juste, il fit étrangler son propre fils. Madame, entre vous & moi, dites moi, quelle justice ce Turc pouvoit attendre d'un père contre son fils; c'étoit un petit malheur, fort supportable, car il pouvoit aussi bien se servir de sa femme après, comme auparavant; cependant une parole bien appliquée fit condamner ce Prince à mort, par son propre père.

Oui, je suis ton esclave, & toi tu dois être juste.

Madame, vous ne laissez aucune porte ouverte au repentir; aujourd'hui vous vous riez de tout, mais il viendra un temps où une paille vous fera trembler. Ho! vous ne pouvez pas dire, je ne ferai jamais veuve, ni sujette au deuil ; quand vous vous conduirez comme vous faites, vous ne pouvez pas dire non plus : Bastille je ne boirai pas de ton eau. Madame, on ne fait pas un crime à une personne en passant le long d'une vigne, quand elle en prend un raisin pour se désaltérer ; mais quand du raisin, elle en vient au panier, & que du panier, elle en vient à la charge, on lui fait un Procès criminel : de même à vous, Madame, on ne vous fera point un crime, quand quelqu'un vous manquera, de le tenir trois ou quatre jours de plus qu'il ne méritoit en prison ; mais quand des jours vous ajouterez de plus des semaines, & que des semaines, vous en viendrez aux mois, & que des mois, vous en viendrez aux années, & qui plus est aux douzaines, il y a de quoi vous en faire un crime, dont vous n'en seriez pas quitte pour la perte de votre liberté. Madame, sans ôter la vie des personnes avec un poignard, sans couper les bourses, il y a mille autres choses qui conduisent au supplice. M. le Naigre étoit un homme qualifié. La charge de Lieutenant-criminel rendoit sa personne très-respectable ; il avoit rendu peut-être, plus de mille jugemens équitables, cependant le Parlement de Paris ne lui auroit point pardonné de s'être laissé surprendre par une fausse déclaration de Lhomme. Le Parlement les auroit condamné tout deux à mort. Madame, vous jouez à un jeu à perdre en quinze jours le fruit de dix-huit années : oui, écoutez votre Conseil, il vous dira que tout n'est rien, & moi je vous dis que pour des riens, on va fort loin en justice : par exemple, on pourroit bien traiter de rien l'affaire de ce pauvre Prêtre de S. Paul ; on pourroit bien encore traiter de rien, l'affaire de M. Lhomme, c'étoit un jeu de cotillon : cependant vous voyez que le premier est en galère pour le reste de ses jours, & Lhomme & son juge dans la Hollande, à remercier Dieu d'avoir échappé d'entre les mains du Parlement. Madame, raisonnez avec la raison, est-ce le Chancelier de France qui vous a dit, Madame, vous pouvez tailler, ronger, assommer, faire périr, tout cela passera sur le compte du Roi? à sa mort, vous n'aurez aucun compte à rendre, vous êtes pour toujours hors des prises de la Justice. Est ce le Parlement de Paris qui vous a donné ces mêmes assurances? Non, mais ce sont trois ou quatre barbares flatteurs que vous avez à votre Conſeil, qui font leur fortune en vous faiſant faire du mal, en vous perdant d'une manière fort cruelle. Madame, liſez pour vous, qu'aujourd'hui votre Conſeil, vous vienne dire : Voilà un homme qui a fait telle choſe contre vous, Madame, il faut le pardonner. Faites-lui un préſent de quarante à cinquante louis ; d'ennemi qu'il eſt, il deviendra un de vos bons amis. Que peuvent-ils tirer d'un pareil conſeil ? Rien : auſſi je ſuis certain qu'ils ne vous en ont jamais donné de ſemblables.

Mais quand ils vous diſent : Madame, voilà un de vos ennemis, il faut s'y prendre de telle ou telle manière, il faut le perdre ; quand vous faites uſage de ces Conſeils, ho ! ils ne tardent pas long-temps à en être payés : à la première occaſion, ils vous viennent dire fort hardiment, & ils ſont ſûrs d'obtenir d'avance : Madame, telle choſe ſe préſente ; je vous prie d'avoir la bonté de faire diſpoſer d'un tel emploi en faveur d'un de mes bons amis. Effectivement, c'eſt un bon ami, car il lui a déjà fait préſent d'une bonne bourſe.

Madame, voilà de la manière qu'ils ſe font payer des mauvais conſeils ; pourvu qu'ils puiſſent bien remplir leurs bourſes, ils ſe moquent fort peu de votre avenir; que vous mouriez tranquillement dans votre hôtel ou en prison celà leur est égal; jamais ils ne vous disent rien qui puisse vous attrister, ce sont des mercenaires: si le Roi prenoit une autre maîtresse, tout-à-l'heure tout vous quitteroit pour aller avec l'autre; cela est vrai, de cinquante serviteurs, il n'y en a pas quatre qui fassent fortune avec des maîtres sages; mais quand ils ne se conduisent pas bien, c'est alors qu'ils la font. Ils tirent de leurs maîtres ce qu'ils en veulent, en se rendant redoutables par le secret.

Madame, croyez moi, ne vous laissez pas séduire d'avantage par de fausses assurances que tout passera sur le compte du Roi; retirez-vous le plutôt que vous pourrez des prises de la justice: plaie d'argent n'est pas mortelle; sans vous incommoder, vous pouvez faire aisément la dépense que je vous ai proposé au commencement de ce Mémoire, qui est de donner douze cents livres de dédommagement, à celui qui aura resté une année de plus qu'il ne méritoit en prison; celui que vous aurez tenu deux ans de plus, douze cents livres pour la première, & deux mille quatre cents pour la seconde, ainsi des autres, en augmentant toujours de douze cents livres de plus toutes les années. Madame, quand même vous vous devriez gêner un peu, vous avez assez gêné des pauvres malheureux ; ayant été prodigue de leurs larmes, vous ne devez point être avare de votre argent. Vous m'allez dire, tu parles pour toi ; non, Madame, je ne parle pas pour moi, que si je parlois pour moi, il y a cent cinquante & neuf mois que vous me faites verser des larmes ; je vous demanderois cent cinquante neuf mille écus. Vous ne pouvez trouver cette somme grosse, sans dire qu'il y a bien des mois que vous me faites souffrir ; les journées de prison ne se payent point comme celles de Joueurs de violons, mais larme par larme. Le Cardinal de Richelieu retint ici dans la Bastille, un homme pendant trois ans par crainte ; il lui donna cent écus par jour, c'est-à-dire, cent neuf mille cinq cents livres de dédommagement par année, & en outre il lui fit présent d'une bague de prix.

Quand j'aurois eu le malheur d'avoir commis un crime à votre égard ; sorti de France, j'étois hors de cours & de procès, ou enfin hors de la poursuite de la Justice du Royaume, par conséquent il n'y a eu que votre crainte qui m'eſt venue faire arrêter dans le pays étranger, contre le droit des gens. Or, à traiter ce viol, & les outrages que j'ai reçus par la douceur, vous devriez vous eſtimer à en être quitte à bon marché, en me donnant cent écus par jour, comme le Cardinal de Richelieu donna, ſans avoir outragé ni flétri la perſonne. Or, depuis le premier du mois de juin 1756, que j'ai été arrêté à Amſterdam, à cent écus par jour, cela feroit aujourd'hui ſix cents ſoixante & ſix mille trois cents livres. Vous trouvez cette ſomme groſſe, vous riez. Si vous me difiez tout-à-l'heure, tiens, voilà ta liberté, ſi tu veux reſter ici juſqu'au premier du mois de Mai de l'année prochaine, je te donnerai douze millions : je vous dirois, Madame, je ne vend pas ma vie, mes jours, vous n'avez qu'à garder votre argent, & ſur-le-champ je ſortirai.

Madame, vous ne ſavez point les grands maux que vous faites ſouffrir aux hommes, en les privant injuſtement de la lumière du ſoleil, vous ne ſavez point ce que c'eſt que la liberté. Dieu vous faſſe la grace de ne pas en faire les épreuves vous-même. J'ai une maiſon, je recueille du vin plus que je n'en puis boire, & du bled plus que je ne puis en manger ; mais quand même je n'aurois ni argent, ni maison, ni champs, ni vignes, libre je serai toujours heureux, pourvu que je puisse trouver de l'herbe & des racines pour manger. Ainsi, je ne vous demande pas un sol pour moi de dédommagement, je ne vous parle que pour mes confrères. Si vous me donniez de l'argent aujourd'hui, après-demain vous ne vous souviendriez pas de moi, & je veux que vous vous ressouveniez, toute votre vie, que j'ai toujours été votre ami, & ami sans intérêt, par le grand service que je vous rend, de vous tirer du précipice où vos barbares flateurs vous ont plongée par mes bons conseils. C'est de cette manière que je prétends me venger de vous. Madame, *ce n'est point mon esprit qui vous parle, c'est mon cœur. D'Amsterdam, lieu qui n'est point suspect, je vous le fis connoître.* Tout le monde me disoit que vous m'aviez maltraité, & que ma personne étoit en sûreté, néanmoins, de cette Ville libre, vous fis-je quelque insulte, vous demandai-je de l'or ou de l'argent pour réparer les maux que vous m'aviez fait souffrir, pour me dédommager de la perte de mon tems ? Non, je ne vous dis point des sotises ; *non*, je ne vous demandai rien, mais je vous conſeillai, par deux lettres reſpectueuſes, d'uſer d'humanité, de clémence, afin de rendre vos ennemis repentans toute leur vie, de vous avoir offenſée en les pardonnant. La mère de Néron ne lui défendoit point de ſe divertir, d'avoir une maîtreſſe, ni deux ; mais elle lui prêchoit ſans ceſſe, contre ſon humeur cruelle & barbare, ne doutant point que cela lui causât ſa perte certaine; moi, je ne vous conſeille point, Madame, de ceſſer de plaire au Roi, de vous divertir ; mais je vous prêche contre l'humeur cruelle de votre Conſeil, qui tombe ſur votre tête ; qui vous a déjà perdue. Mais encore, vous vous pouvez retirer de ſes mauvaiſes affaires par le ſecours de la vertu ; commencez donc à faire ce que je vous ai propoſé pour mes Confrères, & enſuite, quand une perſonne vous manquera, faites-la mettre ici à la Baſtille, faites-lui faire ſa déclaration ; au bout d'un mois, faites-la venir à Verſailles, chez le Miniſtre ; alors tranſportez-vous chez lui, & dites-lui ces paroles : c'eſt donc vous qui avez fait telle choſe contre moi ? Quel tort vous ai-je fait ? pourquoi me perſécutez-vous, moi qui fait mon poſſible, nuit & jour, pour rendre ſervice à tout le monde ? aſſurément je ne me pardonnerois pas moi-même, si je vous avois fait quelque mal ; il est sans doute que je dois cela à votre oisiveté... Si c'est une personne pauvre, (c'est ce que vous pouvez connoître d'un coup-d'œil,) ... tenez, voilà six louis pour acheter des livres de prières ; quand vous n'aurez rien à faire, allez-vous-en dans une Eglise prier Dieu, & remerciez-le sur toutes choses, de ce qu'il ne m'a point donné un cœur cruel, ni vindicatif ; car je pourrois bien vous faire repentir de m'avoir attaquée injustement. Allez-vous-en, je vous pardonne de bon cœur ; mais soyez plus sage à l'avenir : s'il en vient un second, vous y tiendrez le même discours. Madame, ce sont des faits qui seroient répandus dans tout le Royaume ; à moins de huit jours de tems, & trois ou quatre d'humanité & de clémence faites à propos, il n'en faudroit pas d'avantage pour fermer la bouche, pour faire tomber généralement tous vos ennemis.

Madame, croyez-moi, vous ne viendrez jamais à bout de vos ennemis par le fléau, mais vous pourriez aisément avoir ce bonheur par la douceur & la modération. Auguste ne commença d'être heureux, que quand il cessa d'être cruel. Madame, pour l'amour devous-même, & de votre tranquillité future, vous devez faire quelques essais ; un rien peut tourner l'esprit du peuple de mal en bien ; si un troisième vous manque, faites-le venir de même chez le Ministre, & changez de langage. Dites-lui, j'ai toujours cru que l'apanage de la générosité, de la clémence & de l'humanité étoit des remercîemens, des prieres & des bénédictions ; c'est bien malheureux pour moi, qu'en faisant du bien le plus qu'il m'est possible, je ne puisse point m'attirer la tranquillité, le repos des âmes bienfaisantes. J'ai toujours pardonné mes ennemis, j'ai fait du bien à ceux qui m'avoient fait le plus de mal, mais je vois que c'est le pardon & le bien que je leur ai fait, qui donne la licence à tout le monde de me déchirer, de m'offenser,.... Monsieur,.... vous me demandez pardon, je vous l'accorde ; mais je vous déclare que le premier qui me manquera encore, je le mettrai entre les mains de la Justice ; on en fera des choux & des raves, je ne me mêlerai plus de lui, car je vois que c'est ma bonté qui m'attire toutes les persécutions ; s'il en vient un quatrième, faites-le fourrer à la Bastille : s'il mérite d'y rester un an, ne le tenez que six mois, au bout de cet espace, faites-lui dire ces paroles, par M. le Lieutenant-Général de Police : Monſieur, il n'eſt point permis d'offenſer qui que ce ſoit, encore moins une perſonne agréable à Sa Majeſté. Vous êtes fort heureux aſſurément, que Madame la Marquiſe de Pompadour aye un cœur humain ; car ſi elle n'avoit prié pour vous, mais prié comme il faut, vous ne ſeriez point ſorti encore de la Baſtille de quatre matins ; en outre, elle m'a remis elle-même quinze louis pour vous en faire un préſent de ſa part ; les voilà, voyez ſi elle mérite d'être offenſée, elle qui a un ſi bon cœur ; remerciez-la ſur toute choſe de vous avoir fait accorder votre liberté, car vous n'auriez pas vu le jour de long-temps.

Ainſi tous ceux qui vous manqueront, vous n'avez qu'à les faire traiter de cette dernière manière, leurs faire ſouffrir la moitié de leurs punitions, & leur donner un petit préſent, par cette conduite vous ne devez pas craindre qu'aucun de tous ceux qui auront eu le malheur de vous offenſer, reviennent à la charge. Madame, que voulez-vous faire, il faut ſe ſervir d'un peu de miel, & d'un peu de vinaigre ; jamais perſonne ne vous fera un crime d'avoir été humaine, mais on vous en ſera un très-grand

grand d'avoir été trop cruelle. Madame, toutes les femmes qui ont eu le bonheur de plaire à nos Rois, elles ont eu des ennemis, elles ont été méprisées; vous devez vous conformer aux coutumes, faire comme elles ont fait, mépriser aussi : car fussiez-vous descendue du ciel, n'auriez-vous ni langue, ni mains, ni poches, maîtresse du Roi, vous auriez des ennemis; on diroit du mal de vous. Voyez l'Uranie : Quoi ! serai-je damné, à cause que je ne croirai point au fils d'un Charpentier pendu dans l'Idumée? Dieu a-t-il écrasé le misérable qui a fait cet écrit?

Voyez les Lettres Persanes : elles vous font toucher au bout du doigt, que Marie en avoit planté une paire à S. Joseph, comme Marguerite de Valois à Henri IV. Hé bien! Dieu avec sa foudre a-t-il écrasé ce blasphémateur? Or si Dieu souffre qu'on attente à la pudeur de sa mère, à son exemple vous devez souffrir.

De l'Auvergne, un Monsieur écrivit au Maréchal de Noailles, qu'on lui avoit fait une chanson infâme contre lui, & que s'il vouloit, il tâcheroit d'en découvrir l'auteur. Voici la réponse du Maréchal :

« On fait des chansons contre le Roi, on

» en peut faire contre le Maréchal de Noail-
» les. Monsieur, je vous suis bien obligé de
» vos offres ; il n'y a qu'à la laisser chanter
» tranquillement, &c. »

Si le Maréchal s'étoit piqué, & qu'il eût pu en découvrir l'auteur & le mettre en prison, cette chanson lui en auroit peut-être attiré cinquante autres de plus infâmies, au lieu que le mépris qu'il en fit, la fit étouffer, & empêcha de naître les autres.

Madame, il faut faire comme toutes les autres maîtresses, qui vous ont précédée ; elles ont méprisé, & vous devez mépriser aussi ; car quand vous faites périr un seul ennemi, celui-là vous en attire cinquante de plus, & fournit matière à tous les autres de vous déchirer, de vous mordre. On donna dix-huit mille florins au Capitaine du Vaisseau qui porta le Chevalier de la Rochegnerol en France, deux mille livres de pension à M. de Saint-Sauveur, Consul de France, pour s'être prêté pour le faire arrêter ; l'Exempt Saint-Marc, pensionné aussi. Quant à ces trois articles, ils sont très-véritables ; on en ajoute un quatrième, qui est celui-ci, que sur le même Vaisseau qui apporta le Chevalier de la Rochegnerol en

France, que vous y aviez fait mettre pour huit cents mille livres de marchandises, de tout ce qu'il y avoit de plus précieux dans la Hollande : oh! je gagerois ma tête contre deux liards, que ce dernier article est faux... Vous ne voulez point qu'on parle de vous, vous voyez bien que cela en fait parler à tout le monde; c'est ce qui n'arriveroit point, si vous usiez de douceur & de modération. Votre Conseil vous dit : cela fait du bruit pendant quinze jours, ensuite cela s'appaise. Oui, cela s'appaise, ce sont des feux sous cendres, que vos ennemis n'en laissent pas perdre une seule étincelle. Quand M. de Machau, vous présenta le billet de votre l'Eclair, vous auriez dû lui dire : Monsieur, c'est un billet faux, mais n'en dites rien, je vous en prie; & ensuite faire venir la l'Eclair en particulier, & lui dire : vous êtes une fripponne, il ne tiendroit qu'à moi de vous faire pendre; allez, ne vous représentez plus devant moi; que si jamais j'entends dire une seule parole de vous, vous pouvez compter que je vous ferai enfermer pour le reste de vos jours. De cette manière, cette affaire se seroit étouffée, au lieu que vous écoutez votre barbare Conseil, qui vous dit toujours : à la Bastille, à la Bastille. Rien ne tranſpire : cependant à peine y avoit-elle le pied dedans, que tout le monde diſoit : la l'Eclair eſt à la Baſtille ; qu'a-t-elle fait ? & vos ennemis, en ſe dodinant à gorge déployée, diſoient par-tout : elle envoyoit chercher de l'argent au Tréſor, comme ſa maîtreſſe, je jurerois preſque. Ce ſont des bigres de paroles, que vous auriez dû empêcher de dire, par la modération.

Madame, ſouvenez-vous de ce que je vous dis aujourd'hui, 30 Juin 1762, que les priſonniers que vous faites ſouffrir au-deſſus de leurs mérites, & l'argent qu'on ſuppoſe que vous avez de trop dans vos coffres, cauſera votre perte : les attaques commenceront par les priſonniers. Madame, vous avez des puiſſans ennemis, ils appuyeront les petits : croyez-moi, ne leur donnez point de priſe contre vous du côté de la cruauté ; c'eſt le meilleur, c'eſt le plus délicieux moment qu'ils puiſſent ſouhaiter : il eſt ſans doute que vous allez dire : je n'ignore point que j'ai de puiſſans ennemis, que non-ſeulement ils en veulent à ma diſgrace, mais même à ma vie ; mais mon parti eſt pris ; ſi le Roi venoit à mourir, ſur-le-champ je ſortirai du Royaume, je m'en irai. Madame, vous devriez penſer à faire une retraite digne de votre grandeur.... Soit, allez-vous-en; mais en vous en allant, ne faites pas dire que vous fuyez les lois, la Justice; mais uniquement la persécution injuste de vos ennemis. Vous vous enfuirez, attaquée en Justice : où irez-vous, qu'on ne puisse point vous faire arrêter? Dans l'Empire, on rend les sujets de France; en Hollande, on les rend de même; en Angleterre, que ferez-vous à Londres? y auroit-il une seule personne vertueuse, quand vous serez persécutée par les Loix, qui vienne manger la soupe chez vous, encore moins vous prier de la venir manger chez elles? Toutes les fois que vous mettriez la tête à la fenêtre, & que quelqu'un vous regarderoit, sur-le-champ vous prendriez ces gens-là pour des espions, pour des gens qui viennent vous enlever : mais, en outre, faites cette réflexion, que la France ayant fait arrêter le Prétendant, au milieu de l'Opéra, mis dans la tour de Vincennes, ensuite conduire hors du Royaume *un Prince qui nous avoit rendu des grands services*. Or, la France ayant fait cela pour l'Angleterre, il n'est point douteux que l'Angleterre, par reconnoissance, rendroit votre personne. Où irez-vous? à Rome : voyez le bel accueil qu'on fit à Christine, Reine de Suéde; elle n'avoit fait mourir qu'une seule personne de ses gens, à Fontainebleau; auparavant, elle le fit confesser, faire tous les actes d'un bon chrétien. On ne savoit point le crime que ce domestique avoit commis à son égard; néanmoins toute la Cour de France en fut indignée; elle s'en alla à Rome, mais le Pape fut à son logis, lui dire lui-même : Madame, depuis huit jours que vous êtes ici, vous avez dû voir Rome, c'est-à-dire, allez-vous-en, cruelle, je ne veux point vous souffrir dans mes États. Elle, piquée d'un pareil affront, lui répondit en enrageant, d'une voix glapissante : Je n'ai pas vu encore de Conclave; les affronts, les insultes sont l'apanage des cœurs barbares, inhumains. Vous ne voulez pas voir cela, Madame, vous ne voulez pas voir que vous faites pire : vous aimez bien mieux vous laisser repaître votre esprit par des mensonges flatteurs, par des fausses assurances; cependant vous ne devriez point ignorer, que les flatteurs sont la perte de tous les Grands; car si on ne passe point en France, ni même à Rome, qui est le siége du pardon, un seul acte de cruauté à une tête couronnée sans l'abhorrer, comment voulez-vous qu'on vous en paſſe plusieurs, à vous? Que ſi vous ne me croyez, vous vous verrez un jour comme cet hibou, qu'il y a à l'entrée du labyrinthe du parc de Verſailles, où tous les oiſeaux lui jettent de l'eau ſur lui pour l'étouffer, le noyer. Je m'en irai! je m'en irai! il faut ſavoir ſi la fortune ne vous fera pas un faux bond d'une minute, c'eſt aſſez pour être perdue; car ſi le Roi venoit à mourir, ou avoir une maladie grave, peut-être qu'on ne paſſeroit pas deux heures ſans mettre cinq à ſix perſonnes à vos trouſſes. Examinez la Marquiſe de Pompadour, ſi elle s'en va à vingt lieues d'ici, arrêtez-là, & conduiſez-là à la Baſtille. Madame, il ne vous eſt pas raiſonnable de dire, je ſerai toujours heureuſe, & ſur-tout quand vous faites du mal; jamais je n'aurai aucune traverſe; mais enfin dans un pareil malheur, au moins il ne ſeroit pas ſi grand pour vous, à cent millions de piques près, ſi on ne vous pouvoit reprocher que des choſes, qui ne ſont point contre nature; car quand il y auroit douze Juges dans la Baſtille à vous interroger, & qu'ils vous diroient: vous êtes Marquiſe! il vous ſeroit aiſé à répondre à cette queſtion; je ſuis ſujette; le Roi a fait de moi ce qu'il à voulu. Vous avez des grandes richesses! on ne refuse point les présens d'un Roi, ce seroit lui faire un affront, & il y a un nombre infini de personnes dans Paris qui en ont plus que moi. Vous avez élevé votre famille à des grandes dignités! vous êtes là douze, y en a-t-il un seul parmi vous autres, qui n'en eût fait à ma place autant que moi?.... De ces trois articles, on ne peut point vous en faire un crime; mais on vous en feroit un terrible de ce que vous méprisez le plus.... Tenez, voyez cette liste des pauvres malheureux que vous faites souffrir injustement depuis quatre, six, huit, dix, douze, quatorze, quinze années; voilà les noms des autres que vous avez fait mourir dans la souffrance; & que diriez-vous? c'est le Roi: & la Descombar disoit, moi, j'étois dans ma chambre, à côté de mon frère & d'un ami, quand on a assassiné mon mari sur le pied de la porte de l'église Saint-Sulpice. Mais les Juges lui répondirent: barbare que vous êtes! si vous n'y aviez pas consenti, votre galant ne l'auroit point tué. C'est ce qu'on pourra vous dire à vous-même, Madame; le Roi étoit amant; si vous n'y aviez pas consenti, le Roi n'auroit pas fait souffrir, périr ces pauvres malheureux; vous avez abusé de l'autorité royale du côté de la cruauté. Sur ce titre, on pourroit vous infliger telle punition qu'on voudroit, & personne ne diroit point qu'elle est injuste, parce que tout le monde déteste les cœurs cruels. Je suis un coquin, je suis un misérable, je suis votre ennemi, de troubler votre tranquillité, de vous tirer de la sécurité, de vous ouvrir les yeux, de vous faire voir les malheurs qui peuvent vous arriver; mais vos barbares flatteurs, qui vous disent, ce n'est rien, tout passera sur le compte du Roi: ce sont des honnêtes gens, ce sont vos bons amis, comblez-les de vos bienfaits; quant à moi, accablez-moi des fers.

La Duchesse de Châteauroux n'étoit pas aussi aimée du Roi que vous: tout le monde lui faisoit les mêmes accueils, les mêmes démonstrations d'amitié qu'on vous fait aujourd'hui à vous-même; cependant quand le Roi fut malade, comptant qu'il passeroit de ce monde à l'autre, elle fut renvoyée de Metz, comme une péteuse, pire qu'une servante; elle qui étoit d'une des plus illustres familles de toute la France, elle qui ne s'appliquoit uniquement qu'à plaire au Roi; car jamais on n'a dit d'elle; la Duchesse de Châteauroux a fait donner une telle charge à un tel ; elle a fait un tel Ministre, Contrôleur-Général ; elle a fait un tel Cordon-bleu ; elle a fait un tel Ambassadeur ; elle a fait Contades Maréchal de France, qui, par la défaite de son armée, cause la ruine du Royaume. Madame, je ne cherche point à vous offenser ; car ne l'ayant pas fait dans le tems que j'étois à Amsterdam, encore moins aujourd'hui que je suis entre vos mains, c'est pourquoi je vous supplie de bien interprêter tout ce que je vous dis, de ne pas prendre les marques de mon amitié pour des actes d'inimitié ; car je fais mon possible pour vous faire connoître tous les endroits où vos ennemis peuvent vous mordre, afin que vous preniez des arrangemens pour pouvoir prévenir leurs dards.

Revenons à la Châteauroux, elle qui n'avoit jamais fait de mal à personne ; sur quoi pouvez-vous fonder qu'on aura plus des égards pour vous que pour elle, & sur-tout quand vous ne vous conduisez point selon l'équité & la justice ? Croyez-vous que cela fasse plaisir à ceux qui ont la direction des secrets du Roi, de voir pourrir le monde entre quatre murailles? Madame, on a de la compassion pour les animaux, encore plus pour ses semblables ; daignez faire attention, que des pareils actes irritent tous les cœurs contre vous. Madame, vous pouvez vous vanter que vous êtes la femme la plus heureuse de toute la France ; mais aussi, dans le tems que la fortune vous comble tous vos desirs, en vous donnant tout ce qu'il y a de plus précieux dans le Royaume, vous vous forgez vous-même le plus affreux, le plus diabolique de tous les morceaux à digérer ; car il n'y en a pas un plus infâme, un plus exécrable, un plus abominable, que celui de la cruauté. Un père, un propre père, a honte de prier, d'intercéder pour un fils cruel : la nature, la nature, aux actes inhumains, se révolte contre son propre sang... « Je vous l'accorde, je vous » l'accorderai encore, mais je l'accorderai » aussi à celui qui vous tuera ».

Madame, croyez-moi, tirez-vous vîte des prises de la Justice ; ne faites point comme Madame de la Popeliniere, qui, pour avoir voulu épargner quelque peu d'argent, elle s'est deshonorée, elle s'est vue à un travers de doigt de sa perte ; & quoiqu'en vie encore, elle n'en souffre pas moins.... Mais ce qu'il y a de certain, au plus vous irez, au plus vous serez forcée à devenir cruelle, malgré vous, malgré vous ; car je suis certain, qu'aujourd'hui vous n'avez point de plaisir à voir souffrir le monde ; mais c'est la crainte qui vous les fait retenir, parce que vous les avez maltraités ; & vous craignez qu'à cause de cela, ils ne reviennent à la charge, comme fit le sieur d'Allegre. Mais enfin, Madame, il vaut mieux prendre une résolution tard que jamais.... Si vous aviez une pierre dans la vessie, & que vous vissiez sur une table des rasoirs, des bistouris, des tenailles, en un mot, un appareil chirurgical, prêt à vous ouvrir le ventre ; & qu'en même-tems une personne vint vous dire : Madame, si vous voulez me donner une année de vos revenus, ou l'hôtel que vous avez acheté du Comte d'Evreux, dans la minute je vais vous tirer cette pierre, sans vous faire aucun mal ; vous n'hésiteriez point, vous le donneriez. Hé-bien, faites comme si vous aviez une pierre dans la vessie, donnez-le afin de ne point risquer, qu'un jour tout votre corps ne soit enfermé dans un tas de pierres ; vous serez toujours mieux dans un galetas de votre château de Bellevue, que non pas dans la chambre la moins désagréable de la Bastille ; car il n'y en a pas d'agréables en prison. Madame, il y en a plus de cinq cents qui ont laissé ici le dernier souffle, qui n'avoient point les griefs que vous avez. Le

27 du mois de Septembre de l'année dernière, je parlai à une perſonne qui a connoiſſance des affaires des priſonniers, & qui parle pour eux à M. de Sartine, au Miniſtre ; je me plaignois à lui fort amèrement : entr'autres, je lui dis : le Dauphin ne l'aime pas : *Non*, dit-il, j'ajoutai : il n'eſt point permis de faire périr le monde ; il reprit, *vous n'êtes pas le ſeul.* Il me dit ces paroles, parce qu'il ſait bien que j'en connois d'autres. Alors je lui dis : la Maréchale d'Ancre n'avoit jamais fait périr perſonne, la Maréchale d'Ancre n'en avoit pas tant fait qu'elle ; il me répondit : *on l'a déjà dit.* Cette dernière parole vous devroit faire trembler juſques dans la moëlle des os, hériſſer tous les cheveux de votre tête. La Maréchale d'Ancre a été brûlée, & on a dit qu'elle n'en avoit pas tant fait que vous. Jugez ce que l'ont penſe faire de vous, ſi Louis XV venoit à mourir. Oui, ſi j'étois à votre côté, vous me donneriez des grands coups de poing ſur mon viſage. Si la fortune maintenant vous ouvroit les yeux, bien loin de me donner des coups de poing, vous me donneriez de tendres baiſers de reconnoiſſance ; vous remercieriez Dieu de la grace qu'il vous fait de vous éclairer, de

vous donner de si bons conseils par un pauvre malheureux que vous avez flétri, outragé, que vous persécutez depuis quatorze années; car qu'est-ce que je vous dis, Madame? Vous avez de puissans ennemis, ne leur donnez point de prises contre vous, du côté de la cruauté; c'est le meilleur, c'est le plus délicieux morceau qu'ils puissent souhaiter pour vous perdre sans ressource. Qu'est-ce que je vous dis, Madame? N'écoutez point les flateurs, c'est la perte de tous les Grands; tirez-vous vîte des prises de la Justice, les Grands feront agir les petits, en vous attaquant sur un point; celui-là éveilleroit tous les autres qui auroient été toujours assoupis. Quest-ce que je vous dis, Madame? Agissez comme une femme vertueuse; tous ceux que vous avez tenu en prison, au-dessus de leurs mérites, dédommagez-les, il vaut bien mieux pour vous, vous assurer des personnes que vous avez maltraitées, par un bienfait, que non pas en les faisant périr à petit feu entre quatre murailles; car à donner d'argent, il vous sera bien plus avantageux de les disposer de manière à forcer vos ennemis à dire du bien de vous, que non pas leur donner matière à vous perdre, ou à en dire toujours du mal. Qu'eſt-ce que je vous dis, Madame? Uſez de douceur & de modération, de clémence; conduiſez-vous toujours ſelon l'équité & la juſtice; aſſurément j'oſerois vous donner ces conſeils devant Dieu, devant le Roi, devant tous les hommes, & même les méchans, & je ne craindrois point que Dieu, ni le Roi, ni les hommes ſages, ni même les méchans, excepté votre conſeil, qui a beſoin d'argent, puiſſent vous dire que mes conſeils ſont mauvais, que vous puiſſiez jamais en avoir du repentir en les ſuivant. Madame, croyez-moi, n'abuſez point des faveurs de la fortune; elle eſt très-biſarre, perſonne n'en diſconvient; elle vous a donné une belle jeuneſſe; mais aujourd'hui, par vos vertus, par votre humanité, filez-vous vous-même une vieilleſſe heureuſe, tranquille, que je vous ſouhaite de tout mon cœur.

J'ai l'honneur d'être avec un très-profond reſpect, Madame, votre très-humble & très-obéiſſant ſerviteur, Danry.

On demanda à Alexandre, que voulez-vous faire de la boîte à parfums de Darius? Il n'y a, dit-il, qu'à y mettre les ouvrages d'Homère. Madame, que ferez-vous de mon

Mémoire ? il eſt fort mal détaillé , fort mal arrangé , il ne flatte pas votre eſprit ; le jetterez-vous dans le feu ? Vous ferez bien meuix de le mettre dans votre caſſette , & de le lire une fois toutes les ſemaines ; vous ne perdriez point votre tems , comme à écouter des flatteries qui mettent votre perſonne en danger ; au lieu qu'elle trouveroit de la ſûreté dans les ronces & les épines de mon Mémoire.

A la Baſtille , le 30 Juin 1762.

Signé , DANRY.

COPIE.

COPIE de la soixanee & cinquième Lettre envoyée à M. de Sartine.

De la Bastille, le 10 Mai 1762.

MONSEIGNEUR,

Je supporte, avec patience, la perte de tous mes beaux jours & de ma fortune; je supporte mes rhumatismes, la foiblesse de mon bras, & un cercle de fer autour de mon corps pour le reste de toute ma vie; mais je ne puis point supporter la perte de ma chère vue, elle diminue tous les jours. Je vous supplie, pour l'amour de Dieu, d'avoir la bonté de m'accorder deux heures d'air par jour dans le jardin, ou sur les tours, pour me conserver le peu qui me reste. Monseigneur, si je vous ai écrit des lettres fortes, ce sont mes yeux qui en sont la cause, ils me font perdre la cervelle, je ne puis plus maîtriser ma tête; mais enfin, je vous en demande mille fois pardon, que voulez-vous de plus! ma vie, prenez-la tout-à-la-fois, ou daignez m'accorder les remédes, qu'on n'a jamais refusé à la nature humaine. Monseigneur, de tout temps, tous les grands hommes ont été ſujets à des diſgraces, je ne vous mettrai point ſous vos yeux Démoſthène, ni Annibal, ni Cicéron, tous ces gens-là gouvernoient en partie leurs états; mais je vous parlerai de la France. Vous avez vû le Cardinal de Retz à la Baſtille, à la tour de Nantes; M. le Blanc, de même à la Bâſtille, à la tour de Vincennes: vous avez vu M. le Chancelier d'Agueſſeau, pluſieurs fois exilé à Frènes; vous voyez encore aujourd'hui M. le Comte de Maurepas. Si un pareil malheur vous arrivoit à vous-même, Monſeigneur, voulez-vous que je ſois le ſeul qui terniſſe vos vertus, que je diſe que vous m'avez traité inhumainement, que vous m'avez refuſé des remedes qu'on ne refuſe point aux animaux; car quel eſt le ſujet de mes lettres fortes? je ne vous accuſe point de la longueur de ma misère, mais je me fâche de ce que vous me refuſez deux heures de promenade tous les jours dans le jardin ou ſur les tours, comme vous les accordez à d'autres priſonniers: quand vous me direz, quels ſont tes titres pour vouloir exiger de moi une pareille grace? hélas! quels ſont mes titres! je ne vous prouverai pas de point en point l'injuſtice qu'on me fait, car je vois bien que cela vous fait de la peine, mais je perds ma vue; mon second titre est que je suis dans la quatorzième année de souffrance, terme qui fait frémir; mon troisième titre, après ma première évasion de la tour de Vincennes, je me suis généreusement livré moi-même, comme un agneau, entre les mains paternelles du Roi.

C'est un titre assurément qui devroit vous inspirer de la compassion pour moi; car il n'est point honnête d'abuser cruellement de la bonne-foi. Monseigneur, on oublie mille actes d'équité pour blâmer un trait inhumain; vous en avez une grande preuve dans la personne de M. le Naigre : je croirois que ce Juge a rendu plus de cinq cents jugemens équitables : qu'il a fait grace à plus de deux cents personnes, je n'écoute point la populace, mais les gens raisonnables disent que ce Juge a été surpris par une fausse déclaration de Lhomme; or vous voyez qu'un seul trait inhumain a perdu ce Juge de réputation, lui a renversé sa fortune; il est en Hollande, & il a honte de dire son propre nom. Monseigneur, il faut beaucoup travailler pour se faire une bonne réputation; mais un rien la fait perdre : que je ne sois donc pas le seul, qui puisse se plaindre de vous; moi qui dès la première vue ai fondé toutes mes espérances, mon bonheur dans cet air de bonté, que la nature & les graces ont répandu sur votre visage; je vous demande humblement un remede, un adoucissement raisonnable, puisque vous l'accordez encore aujourd'hui à d'autres prisonniers. Je vous supplie, Monseigneur, mon père, par quatorze années de souffrance, qui rendent assurément ma prière bien respectable, d'avoir la bonté de m'accorder cette grace, & en reconnoissance, je prierai Dieu toute ma vie de répandre de plus en plus sa sainte bénédiction sur vous & sur toute votre chère famille.

J'ai l'honneur d'être, &c. *Signé*, DANRY

COPIE de la soixante & sixième Lettre que j'ai envoyée à M. de Sartine.

De la Bastille, le 30 Juin 1762.

MONSEIGNEUR,

Après mon évasion de la tour de Vincennes, je me livrai moi-même entre les mains du Roi, par l'entremise de Monseigneur Quesnay : depuis ce tems-là, il m'a été toujours permis d'avoir recours à lui, de lui écrire. M. Duval peut vous certifier cette vérité; c'eſt pourquoi je vous ſupplie de me continuer cette grace, d'avoir la bonté de lui faire tenir ce paquet; ſi malheureuſement il eſt mort, il n'y a qu'à ôter ſa lettre & ſon adreſſe, & je vous ſerai très-obligé d'avoir la bonté de laiſſer paſſer ce mémoire à Madame la marquiſe de Pompadour. Monſeigneur, ayez la bonté de plaider ma cauſe, ou laiſſez-la moi plaider à moi-même; s'il m'arrive quelque malheur, je ne m'en prendrai point à vous. Monſeigneur, voilà quatorze années que je ſouffre, je n'en puis plus : je vous ſupplie pour l'amour de Dieu, de me tendre une main ſecourable, & je vous ferai toute ma vie reconnoiſſant. J'ai l'henneur d'être avec un très-profond reſpect, &c, *ſigné.* DANRY.

COPIE de la Lettre que j'ai envoyée à M. Queſnay, Médecin ordinaire du Roi.

De la Baſtille, le 30 Juin 1761.

MONSIEUR,

Je gagerois ma tête contre cinq ſols, que vous ne penſez pas plus à moi qu'au chameau de Mahomet; vous ne faites point le devoir d'un honnête homme, en m'oubliant dans la malheureuse prison où vous m'avez mis. Monsieur, je ne vous avois point demandé dans la tour de Vincennes; si vous n'étiez pas venu au devant de moi, je n'aurois point certainement eu recours à vous: aux dépens de ma chère liberté, vous avez donné des preuves de votre amitié à Madame la marquise de Pompadour; aujourd'hui donnez-lui-en encore de plus grandes, en lui remettant ce Mémoire entre les mains, & recommandez-lui fortement de le lire elle-même, de ne point le confier à ses secrétaires; choisissez une heure qu'elle n'aie rien à faire quand vous le lui remettrez, afin qu'elle puisse le lire tranquillement. Je crois qu'il n'est point besoin de vous prier, pour vous exciter à le lui remettre. Je suis très-parfaitement, Monsieur, votre, &c. *Signé*, DANRY.

COPIE de la Lettre que j'ai envoyée à M. Duval, Commis principal de la Bastille.

A la Bastille, le 30 Juin 1762.

MONSIEUR,

Souvenez-vous de toutes les promesses que vous me fîtes ; ayez donc la bonté de prier M. de Sartine de me laisser passer ce Mémoire à ma Partie ; qu'il me défende, ou qu'il me laisse défendre moi-même. S'il m'arrive quelque malheur, tant-pis pour moi, je ne m'en prendrai point à lui ; voilà quatorze années que je souffre, je n'en puis plus. Je vous supplie de grace de me faire savoir si M. de Sartine me l'a laissé passer ; je vous en supplie, n'oubliez point de me répondre, je vous ferai bien obligé.

J'ai l'honneur d'être, &c.

Signé, DANRY.

COPIE de la seconde Lettre que j'ai envoyée á M. Duval.

De la Bastille, le 5 Juillet 1762.

MONSIEUR,

Je vous prie, pour l'amour de Dieu, de me faire savoir si M. de Sartine à eu la bonté de laisser passer mon Mémoire à Madame la Marquise de Pompadour.

Que M. de Sartine plaide ma cause, ou qu'il me la laisse plaider à moi-même, s'il m'arrive quelque malheur tan t pispour-moi. Voilà cent cinquante neuf mois que je souffre, je n'en puis plus : de grace, M. Duval, ayez la bonté de me répondre, si vous ne voulez point que je vous accable de lettres. Si vous avez oublié les promesses que vous me fites, avant que je vous fisse ma déclaration à vous-même, moi je ne les ai point oubliées. Je vous en supplie, tendez-moi une main secourable, & je vous serai toute ma vie bien obligé. J'ai l'honneur, &c.

Signé, DANRY.

COPIE de la troisieme Lettre que j'ai envoyée à M. Duval.

De la Bastille, le 10 Juillet 1762.

MONSIEUR,

Les lions & les tigres, au moindre cri de leurs semblables, accourent pour le secourir; est-ce que les hommes, qui ont la direction de la Bastille, ont moins de cœur & de compassion pour leurs semblables que les animaux. Monsieur Duval, voilà pour la troisième fois que je vous prie de me faire savoir, si M. de Sartine a eu la bonté de laisser passer mon Mémoire à ma Partie, il faut que je le sache; comment voulez-vous que je me défende? Dites à Monseigneur de Sartine, que je le supplie de grace, d'avoir la bonté, de plaider ma cause, ou qu'il me la laisse plaider à moi-même; s'il m'arive quelque malheur tant pis pour moi.

Voilà quatorze années que je souffre, je n'en puis plus; Monsieur Duval, tendez-moi une main secourable, & daignez me répondre, je vous serai toute ma vie obligé. Je ſuis avec un très-profond reſpect, Monſieur, votre très-humble, & très-obéiſſant ſerviteur. *Signé*, DANRY.

COPIE de la ſoixante & ſeptieme Lettre que j'ai envoyée à Monſeigneur de Sartine, Lieutenant-Général de Police.

De la Baſtille, le 14 Juillet 1762.

MONSEIGNEUR,

Je vous ſupplie, pour l'amour de Dieu, de plaider ma cauſe, ou de me la laiſſer plaider à moi-même ; s'il m'arrive quelque malheur tant pis pour moi. Monſeigneur, daignez donc me faire ſavoir, ſi vous avez eu la bonté de laiſſer paſſer mon Mémoire à Madame la marquiſe de Pompadour. — Comment voulez-vous que je me défende, quand vous ne me direz rien ! car ſi je ſavois que vous euſſiez eu la bonté de le laiſſer paſſer, j'aurois déja travaillé à d'autres choſes, au lieu que je ne puis rien faire, faute d'être éclairé.

Je ſuis homme, & je ſouffre depuis cent ſoixante mois, cette longue miſère vous devroit bien vous inſpirerde la compaſſion pour moi. Monſeigneur, c'eſt par les ſentimens qu'on reconnoît les naiſſances: je vous ſupplie par cette bonté que la nature & les graces ont répandu ſur votre viſage, de me tendre une main ſecourable & de me faire dire par un Officier ſi vous avez eu la bonté de me laiſſer paſſer mon Mémoire; de grace daignez me répondre: je n'en puis plus, ayez pitié de moi, & en reconnoiſſance, je prierai Dieu toute ma vie de répandre de plus en plus, ſa ſainte bénédiction ſur vous & ſur votre chère famille. J'ai l'honneur d'être avec un très-profond reſpect, Monſeigneur, de votre Grandeur, votre très-humble & très-obéiſſant ſerviteur.

Signé, DANRY.

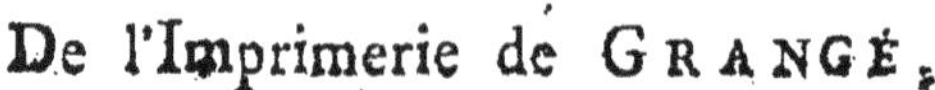

De l'Imprimerie de GRANGÉ.

www.ingramcontent.com/pod-product-compliance
Ingram Content Group UK Ltd.
Pitfield, Milton Keynes, MK11 3LW, UK
UKHW021211220726
13924UKWH00003B/1472

9 782019 293857